02 상담 및 심리치료 이론 시리즈

개인심리학적 상담
-아들러 상담-

노안영·오익수·강만철·김광운
강영신·정 민·임수진·유리향 공저

Theories of Counseling and Psychotherapy

학지사

머리말

상담심리학자로서 나의 주요한 상담접근방식은 아들러 학파에 근거한다. 이런 점에서 총체적으로 아들러 상담을 이해할 수 있는 이 책, 『개인심리학적 상담: 아들러 상담』을 동료들과 함께 출간하게 되어 몹시 기쁘다. 이 책은 국내에서 한국아들러상담학회(Korean Adlerian Counseling Association)를 만들어 동료들과 Adler의 개인심리학을 20년 이상 공부해 온 과정의 결과이다. 더불어 지금 나의 바람은 보다 많은 사람이 Adler의 개인심리학을 공부하여 우리 사회가 서로를 배려하는 훈훈한 정으로 만연했으면 한다.

Adler는 19세기 초반에 100년 후 그가 개발한 개인심리학이 각광을 받으리라는 것을 선견지명 했던 심리학자였다. 더불어 그는 사회적 평등에 근거한 사람들 간의 상호존중을 강조하고 실천한 진정한 민주주의의 신봉자였다. 그는 인간 본성의 이해를 통해 건전하고 행복한 삶을 위해 사람들이 필히 갖춰야 할 덕목으로 사회적 관심, 용기와 격려, 열등감 극복하기, 사회적 평등 등을 강조하였다. Adler가 강조했던 이러한 삶의 지침은 개인의 행복은 물론 현재 지구촌에서 일어나고 있는 사회적 반목과 갈등을 해소하기 위해 절실하게 필요한 것이다. 여기서는 Adler의 개인심리학을 이해하는 데 중요한 개념인 사회적 관심, 용기와 격려, 사회적 평등에 대해 간략하게 언급하고자 한다.

먼저, 개인심리학의 가장 중요한 개념인 사회적 관심에 대해 살펴보자. 우리는 지금 진정으로 타인을 사랑하고 배려하는 마음을 유지하면서 마스크를 쓰고 사회적 거리두기를 강조하는 사회적 현상 속에 살고 있다. 이러한 사회적 현상에서 정말 필요한 것은 이웃을 사랑하고 배려하는 사회적 관심이다. 인간은 사회적 존재로서 사회에 소속되기를 원한다. Adler의 개인심리학에서는 개인이 건강한 삶을 영위하기 위해 사회구성원으로 소속되기 위한 노력을 매우 중요하게 여긴다. 이런 점에서 주저함 없이 개인심리학을 떠받치는 가장 중요한 개념이 사회적 관심이라고 말할 수 있다.

Adler는 "사회적 관심은 상대방의 눈으로 보고, 상대방의 귀로 듣고, 그리고 상대방의 마음으로 느끼는 것이다."라고 하였다. 이런 점에서 사회적 관심을 역지사지(易地思之), 즉 상대방의 입장에서 생각하고 이해하려고 노력하는 공감적 태도라고 할 수 있다. 사회적 관심의 기저가 되는 두 가지 요인은 협동과 기여이다. 따라서 사회적 관심이 높은 사람들은 자기가 소속된 사회에 끊임없이 협동하고 기여할 것을 생각하고 노력한다. 반면, 사회적 관심이 낮은 사람들은 타인에 대한 배려 없이 자기중심적인 사고에 빠져 이기주의자가 되며 타인과 끊임없이 비교하고 경쟁하면서 심한 사회적 열등감을 느낄 수 있다. 이런 점에서 Adler는 사회적 관심을 정신건강의 지표라고 하였다. 다시 말하면, 사회적 관심이 높은 사람들은 심리적으로 건강한 생활을 하는 반면, 사회적 관심이 낮은 사람들은 심리적으로 비정상적인 생활을 한다고 할 수 있다.

우리는 각자 삶의 방식인 생활양식을 가지고 삶을 영위한다. 개인심리학에서는 생활양식을 결정하는 주요한 두 요인을 사회적 관심과 활동수준이라고 본다. 삶은 활동이다. 따라서 삶을 유지하기 위해서는 끊임없이 활동해야 한다. 활동이 멈추는 것은 삶이 멈추는 것이다. 인간이 삶을 유지하기 위해 끊임없이 활동함으로써 자신이 가진 에너지를 사용해야 함을 강조하는 측면에서 Adler의 개인심리학을 '사용의 심리학(the psychology of use)'이라고 한다. Adler는 건강한 사람의 생활양식은 사회적 관심과 활동수준이 높은 '사회적 유용형(the socially useful type)'이라고 했다. 다시 말하면, 사회적 유용형인 사람은 자기가 속한 사회에 협동하고 기여하기 위해 열심히 노력하고 활동하는 사람이라고 할 수 있다. 여기서 지적하고 싶은 것은 사회적 관심이 높은 사람의 특성은 일반적으로 타인을 배려하고 돌보기 위해 심리적이건 신체적이건 열심히 활동하기 때문에 활동수준이 높다는 것이다.

다음으로, 아들러 상담에서 중요한 용기와 격려에 대해 살펴보자. 흔히 Adler의 개인심리학을 '용기의 심리학(the psychology of courage)'이라고도 한다. 용기는 우리가 아무리 어려운 상황에 처해 있어도 그러한 상황을 헤쳐 나갈 수 있도록 활동하게 하는 삶의 추진력이다. 용기의 반대말은 두려움이다. 두려움은 우리의 활동을 멈추게 한다. 두려움은 우리를 움츠리게 하여 옴짝달싹 못하게 한다. 상담자들이 내담자들에게 흔히 묻는 질문이 "당신은 무엇을 두려워합니까?" 혹은 "당신은 무엇이 두려워서 문제해결을 위해 행동하지 못합니까?"이다. 자신의 문제해결을 위해 행동으로 옮기지 못하는 내담자들이 흔히 갖는 두려움은 실수 혹은 실패의 두려움이다. 이런 내담자들에게 필요한 것이 실수할 용기이고 실패할 용기이다. "잘못은 사람이 저지르고, 용서는 신이 한다(To err is human, to forgive divine)."라는 격언처럼 인간은 실수나 잘못을 저지를 수 있는 불완전한 존재이다. 아들러 상담자들은 내담자들에게 불완전한 존재로서 있는 그대로의 내가 될 수 있는 용기, 즉 '불완전할 용기(courage to be imperfect)'를 갖기를 강조한다. 다시 말하면, 불완전할 용기는 우리 모두가 불완전한 존재로서 있는 그대로의 우리 자신이 되려고 할 때 진정한 변화가 일어난다는 것을 함축하고 있음을 명심했으면 한다.

격려는 용기를 갖게 하는 것이고 낙담은 용기를 잃게 하는 것이다. Adler는 "모든 실패자는 낙담되어 있다."라고 하였다. 그래서 실패자들이 낙담에서 벗어날 수 있도록 격려가 필요함을 강조하였다. Dreikurs는 "식물에게 물과 태양이 필요하듯, 우리에게 격려가 필요하다."라고 지적하며 격려의 중요성을 피력하였다. Krautz 역시 "참아 내지 못한 사람은 결국에는 환자가 된다(A person who is impatient remains a patient)."라고 언급하였다. 이런 점에서 아들러 상담자들은 상담과정을 통해 끊임없이 낙담되어 있는 내담자들이 용기를 갖고 행동하도록 격려한다. 활기 넘치는 삶을 위해 당신 자신이나 타인을 격려하고, 격려하고, 또 격려하라. 우리에게 최상의 자기격려는 "나는 있는 그대로 충분히 괜찮아(I am good enough as I am)."이고 최상의 타인격려는 "당신은 있는 그대로 충분히 괜찮아(You are good enough as you are)."임을 알고 실천하는 것이 요구된다. 많은 사람이 다음과 같은 '격려기도문(the encouragement prayer)'을 되뇌면서 자기와 타인을 격려하면서 생활했으면 한다.

> 신이여 저의 내적 불안을 참아 낼 침착함을,
> 불완전할 용기를,
> 용서하고 사랑할 용기를,
> 그리고 저의 지식과 경험의 식견을 확장할 지혜를 주소서.
> (God grant me the calmness to endure my inner angst,
> Courage to be imperfect,
> Courage to forgive and love,
> And wisdom to expand my mental horizon of knowledge and experience.)

마지막으로, 현재에도 역동적으로 진행되고 있는 진정한 민주주의의 실현에 필요한 사회적 평등에 관해서 언급하고자 한다. Adler와 Dreikurs는 인간이 사회적 존재로서 상대방을 배려하고 존중하면서 생활하기 위해서는 사회적 평등이 이루어져야 한다고 보았다. 사회적 평등은 상호존중에 선행한다. 사회적 평등은 모든 사람이 그가 가진 조건이나 처한 상황에 관계없이 인간으로서 사회적 지위가 동등함을 의미한다. 현재 지구촌에서 사람들 간에 진행되고 있는 대부분의 문제는 사회적 불평등에서 비롯된 열등감에서 발생하고 있다는 것을 지적하고 싶다. 이와 마찬가지로 상담관계에서 내담자들이 상담자에게 호소하는 많은 심리적 문제는 그들이 관계하는 사람들과의 사회적 불평등 관계에서 비롯되고 있음을 알 수 있다.

아들러 학파 상담자로서 나의 바람은 우리 각자가 서로를 존중하고 격려하면서 희망을 가지고 활기차게 사는 사회가 되는 것이다. 그동안 삶의 여정에서 동료이자 동학도로서 함께해 온 이 책의 공저자들인 광주교육대학교 오익수 교수, 목포대학교 강만철 교수, 광주보건대학교 김광운 교수, 전남대학교 강영신 교수, 광주대학교 정민 교수, 호남대학교 임수진 교수, 서울신남초등학교 교사 유리향 박사와 그들의 가족이 행복하길 기원한다. 또한 아들러 상담의 발전을 위해 함께해 온 (사)한국아들러상담학회의 임원이면서 아들러상담전문가 1급으로 활동하고 있는 장안나 이사, 김지연 박사, 황은일 박사, 김천수 박사, 오정선 박사, 박주영 박사께 고마운 마음을 전한다.

먼저, 이 책이 탄생할 수 있도록 아이디어를 주어 저술할 수 있도록 권유하고 동기를 부여한 학지사 정승철 상무이사에게 감사드린다. 더불어 그가 전남대학교 심리학과 제자로서 학지사에서 초창기부터 지금까지 성실하게 일하고 내가 좋은 책들을 쓸 수 있도록 끊임없이 동기를 부여하고 격려해 오면서 혜안을 가진 사업가로 성장해서 기쁘다. 그리고 이 책의 편집을 맡아서 좋은 책이 되도록 그동안 수고해 온 편집부 유은정 대리에게 감사드린다. 또한 그동안 상담심리 분야에 마음을 전달하는 좋은 책을 출판하기 위해 노력해 오면서 출판사업 분야에서 자타가 공인하는 성공한 기업가가 되신 김진환 사장님께 진심으로 감사와 격려의 메시지를 전한다.

등위가 없는 無等山 자락, 지실마을에서

저자 대표 노안영

차례

3장 ▌ 아들러 상담의 목표와 과정 __ 75

4장 ▌ 아들러 상담기법 __ 129

5장 ▌ 아들러 상담 사례개념화 __ 159

1장
아들러 상담의 역사

인간이 행하기에 가장 어려운 일은 자신을 알고 자신을 변화시키는 것이다.

- Alfred Adler

1. Alfred Adler의 생애

Adler(1870~1937)는 1870년 2월 7일 비엔나 근교인 펜징에서 태어났다. 아버지인 Adler는 중산층의 유태인 곡물상이었으며 어머니는 전형적인 가정주부였다. 그는 4남 2녀 중 차남이었으며, 유태인임을 숨기고 살았고, 후에 이를 사회적 열등감의 경험으로 해석하였다. 또한 능력 있고 어머니의 사랑을 받는 형인 Sigmund Adler에 비해 자신은 열등감을 느꼈다고 한다. 태어나면서부터 신체적으로 허약하여 어머니의 관심과 사랑을 받았지만 동생이 태어난 뒤에는 어머니의 관심이 동생에게 옮겨 갔다. 또한 Adler는 어린 시절 두 번에 걸쳐 손수레에 치이는 대형사고와 폐렴과 구루병으로 죽음의 문턱까지 가기도 했다. 그의 이러한 신체적 허약함은 신체적(기관) 열등감에 대한 관심을 촉발시켰다.

(그리고 5세 무렵에는 동생의 죽음을 침대에서 지켜보는 경험을 하기도 하였다. 이러한 어린 시절의 경험들은 Adler가 형제간의 갈등과 성격발달 그리고 죽음에 관심을 기울이는 계기를 마련하였다.)

많은 어려움과 도전이 있었지만 Adler는 친구가 많고, 항상 친구나 가족과 어울려 집 주변에서 뛰어놀고 재미있는 시간을 보내는 행복한 아이였다(Carlson & Englar-Carlson, 2017). 이러한 Adler의 패턴은 성인이 되어서도 친구나 동료들과 함께 산책을 하거나 커피숍에 모여 토론하기를 좋아했던 모습에서 찾아볼 수 있다.

중학교 시절에는 수학을 너무 못해 선생님으로부터 자퇴를 권유받기도 했다. 담임교사는 학교에 오신 Adler의 아버지에게 구두수선공을 시키는 게 좋을 것 같다는 말을 하지만 Adler의 아버지는 오히려 그를 격려하며 용기를 주어 학업을 계속할 수 있도록 하였다. 결과적으로 Adler는 매우 우수한 학생이 되었다. 이러한 경험은 아동 양육에 격려가 매우 중요한 요인임을 확인했던 계기가 되었다. 후에 Adler는 "그때 아버지가 선생님의 제안대로 나를 구두가게로 보냈다면 아마 그런대로 솜씨 있는 구두수선공이 되었을지는 몰라도 수학에 자질이 없어도 성공할 수 있다는 것을 평생 알지 못했을 것이다."라고 회상하였다.

Adler는 비엔나 의과대학에 진학하여 의학을 공부하면서도 심리학, 철학, 정치학, 경제학 및 사회학 등 다양한 분야에 관심을 기울이고 학습하였다. 또한 가난한 동기의 숙제를 도와주거나 친구의 집을 방문하면서 사회적 문제에 대한 경험을 쌓기도 했다. 대학시절에는 막스주의 학생모임에도 가담하여 사회주의적 철학에 관심을 기울였다. 여기에서 그는 러시아 혁명의 핵심 인물인 Trotsky와 매우 가까운 Raissa. T. Epstein을 만나게 되었다. 그녀는 학문의 자유와 사상의 자유를 찾아 오스트리아로 유학 온 러시아 학생이었다. Adler와 Epstein은 1897년에 결혼하여 Alexandra Adler(신경학자)와 Kurt Adler 2명의 자녀가 있다.

Adler는 1895년 비엔나 의과대학을 졸업 후 빈대학에서 일을 하다가 일반의가 되어 개업을 했다. 그는 환자들을 하나의 증례가 아닌 인격체로 이해하려 노력하였으며, 환자들의 죽음을 그냥 지켜볼 수밖에 없는 무력감에 매우 괴로워하며 정신병리학과 심리치료에 관심을 갖게 되었다. 1902년 가을 Freud로부터 수요 심리학 모임에 초대되었는데, 이후 이 모임은 비엔나 정신분석학회(Vienna Psychoanalytic Society)가 되었다. Freud의 학설에 흥미를 느낀 Adler는 Freud 심리학파 잡지의 편집자를 하기도 하였고, 1910년에는 정신분석학회 초대 회장을 역임하기도 하였다. 하지만 Freud가 1905년 『성욕에 관한 세 편의 에세이』를 출판하고 Adler가 1907년 『기관열등감에 관한 연구』를 출판하면서 그들의 사상은 차이를 나타냈으며, 자신의 이론만을 주장하고 획일화하는 Freud와 결별하게 되었다. 1911년 정신분석학회장을 사임한 후 자신과 생각을 같이하는 많은 사람과 자유정신분석학회 모임을 결성한 후 1912년 개인심리학회(Society for Individual Psychology)로 명칭을 변경하고 1914년에 개인심리학회지 1호를 발간하였다.

제1차 세계대전에 군의관으로 참전한 Adler는 전쟁으로 인해 희생당한 아이들을 보고 전쟁이 끝난 후 비엔나를 중심으로 아동생활지도클리닉 22곳을 개소하였다. 공동체 의식이라는 개념을 사용하기 시작하였고 사회주의와의 갈등이 시작되었다. 1932년에는 Adler가 유태인이라는 이유만으로 아동생활지도클리닉이 강제 폐쇄되었다. 그러나 폐쇄되기 이전에 이곳에서 많은 부모와 교사들이 아동 양육 및 교육에 대한 전문적인 훈련을 받아 전 유럽에 약 50여 개의 아동상담소가 보급되었다.

Adler는 1926년 미국에서 정기적으로 강의하기 시작하여 1927년 컬럼비아 대학교의 초빙교수를 하면서, 미국과 유럽에서 대중강연을 실시했다. 삶의 동인을 성적욕구에서 찾는 Freud 이론과 다르게 열등감에 대한 보상에서 삶의 동기를 찾는 Adler의 이론은 많은 명성을 가져다주었고 1932년 뉴욕 롱아일랜드 의과대학 교수로 임명되었다. 1934년에는 미국으로 이주하여 유럽과 미국을 오가며 부모, 교육자, 성직자, 사회사업가들을 대상으로 '개인심리학'의 이론을 강의하였다. 그러던 중 1937년 5월 스코틀랜드 에버딘에서 강연을 하러 가던 길에 심장마비로 사망하였다.

주요 저서로는 『기관성 열등에 관한 연구(Studie uber die Minderwertigkeit der Organe)』『신경증적인 성격에 관하여(Uber den nervosen Charakter)』『인간이해(Menschenkenntnis)』『개인심리학과 학교(Individualpsychologie und Schule)』『우리는 무엇 때문에 사는가?(Wozu leben wir?)』 등이 있다.

2. Rudolf Dreikurs의 생애

Dreikurs(1897~1972)는 1897년 2월 8일 비엔나에서 출생하였다. 부유하지는 않았지만 편안한 분위기의 집안이었고 여동생 다섯 명이 있었다. 어려서부터 음악을 좋아해서 피아노, 바이올린, 비올라, 첼로 등을 연주하기도 하였다. 50세 이후에도 그의 집에는 피아노가 두 대나 있어 언제나 연주가 가능하였다. 언어에도 뛰어난 능력을 발휘하여 어려서 습득한 영어나 프랑스어로 개인심리학 강의를 하기도 하였다.

1914년 제1차 세계대전이 일어나면서 Dreikurs는 18세 나이에 군인이 되었고 오스트리아 군대의 대위로 임명되었다. 그의 청소년기는 휴머니즘과 관련된 이상주의적 사회에 관심을 기울이는 청소년단체에서 활동하였다. 도덕성과 영성에도 관심을 기울이며 개인과 집단, 사회에 관심을 기울였지만 군국주의에는 반대하였다. 제1차 세계대전의 공포는 그를 더욱 단련시켰으며 인류는 파괴보다는 협력에 의존해서 문제를 해결해야 한다는 생각을 굳히게 하였다.

제1차 세계대전 후 Dreikurs는 비엔나 의대에 진학하여 정신의학을 공부하던 중 심리치료를 위해 성직자, 교수 등 다양한 사람에게 자문을 구하다가 Adler를 만나게 되었다. 이후 Adler가 이끄는 토론과 모임에 참석하면서 그의 학생이자 동료가 되었다. 비엔나에 설치되어 있던 Adler 아동생활지도클리닉에서 일을 하며 비엔나 아들러 학파의 리더가 되어 적극적으로 활동하였다. 1937년 Adler가 강연을 위해 갔던 에버딘에서 사망하자 나머지 강연을 마치고, 이후 브라질 일정까지 마무리하였다.

특히 Dreikurs는 가족상담과 정신치료에 관하여 많은 연구를 하였으며, 1937년에 시카고에 있는 에이브러햄 링컨센터에 부모상담센터를 처음으로 설립하였다. 정신분석학이 강하게 지배하고 있던 시기에 Dreikurs는 그들의 반대 운동에 대항하여 Adler의 개인심리학을 전하는 데 많은 노력을 하였다. 그는 브라질을 거쳐 결국 미국 시카고에 1939년 안주하였다.

1952년 Dreikurs는 시카고에 Adler School of Professional Psychology라는 Alfed Adler Institute를 최초로 설립하였다. 그리고 수년 동안 Dreikurs는 미국뿐만 아니라 전 세계에 걸쳐 아들러의 개인심리학에 근거한 부모교육, 결혼과 가족상담, 교육 분야 그리고 심리치료 등에 많은 영향을 미쳤다.

1957년에는 오리건 대학교 교육대학 하계수업의 결과 교사들이 처음으로 아들러 이론을 접하며 아동 지도에 많은 도움을 받았고 이후로 많은 추종자가 Dreikurs와 함께 아들러 학파 모델을 전파하기 시작하였다. 1958년에는 부모의 도전을 출간하고 Dinkmeyer와 함께 아동의 학습능력을 격려하는 방법에 관한 책을 출간하여 부모가 자녀에게 용기와 자신감 그리고 희망을 주기를 원했다. 그는 특히 아동상담과 가족상담에서 뛰어난 능력을 발휘하였으며 아동들을 잘못된 행동의 목표에는 관심 끌기(attention), 힘 행사하기(struggle for power), 앙갚음(revenge), 무능력감(inadequacy)으로 생각하였다. 부모나 교사는 이들의 목적을 이해하고 처벌이나 보상이 아닌 협동 행동을 격려하여 적응적 행동으로 변화시켜야 한다고 생각하였다.

Dreikurs의 아내인 Sadie는 예술 및 아들러 심리학에 대한 열정을 결합하여 최초의 예술 치료 교육 프로그램 중 하나를 만들었으며, 그녀의 제자인 Judy Sutherland는 아들러 스쿨(현재는 아들러 대학)의 미술치료 석사과정을 만들었다. Sadie의 프로그램은 학교 현장에서 사용되고 있는 예술치료 프로그램 중에서 가장 성공적인 프로그램 중 하나가 되었다.

Dreikurs는 아들러 이론의 기반을 다지고, 정교하고, 명확하게, 그리고 체계적이고 논리적으로 기술하여 개인심리학 이론의 적용과 실천에 지대하게 공헌하였을 뿐 아니라 이론의 창작에도 기여하였다. 1972년 죽음을 맞기까지 개인심리학의 이론과 실천을 발전시키고 확장시켰을 뿐 아니라 아들러 학파 운동을 아들러 및 드라이커스 학파로 바꿔야 한다는 제자들의 주장에 단호하게 거부하였다. 그는 평생을 아들러의 개인심리학의 발전을 위해 기여하였다.

주요 저서로는 『부모의 도전(The Challenge of Parenthood)』『교실에서의 심리학(Psychology in the Classroom)』『논리적 결과: 훈육에 대한 새로운 접근(Logical Consequences: A New Approach to

Discipline)』『결혼의 도전(The Challenge of Marriage)』 등이 있다.

3. Heinz Ludwig Ansbacher의 생애

Heinz Ludwig Ansbacher (1904~2006)는 1904년 10월 21일 독일 프랑크푸르트 암마인에서 태어났다. 은행가의 아들로 태어났으며 2년 만에 대학을 졸업한 후, 중개회사에서 일을 하다가 1924년에 미국으로 건너가 뉴욕의 월 스트리트에서 취업하였다.

1930년 봄 Ansbacher 박사는 우연히 Adler의 컬럼비아 대학교의 저녁 강의를 듣게 되었고 한참 자신의 일에 대한 불만과 여자 친구와 헤어진 사건 등에 대한 도움을 받기 위해 상담을 신청하였다. 그는 그래머시 공원(Gramercy Park)의 Adler의 집에서 상담을 받았고, Adler의 세미나에 참석하며 그의 권유로 대학원에 등록하였다.

또한 그에게 Adler는 비엔나 대학교에서 박사학위를 받은 동료인 Rowena Ripin을 소개하였고 그들은 1년 후 1934년에 결혼하였다. Rowena Ansbacher는 1996년에 사망하였고 그들에게는 맥스, 벤저민, 테어도르, 찰스의 4명의 아들이 있다.

컬럼비아 대학교에서 박사학위를 받은 Ansbacher는 1940~1943년까지는 브라운 대학에서 교수로 재직하며 심리학 잡지의 편집자의 역할을 함께 했다. 이후 제2차 세계대전 중에는 미국 전쟁정보국에서 독일군 병사들이 전쟁을 포기하도록 만드는 전단지를 만드는 작업과 독일 군사 심리학에 관한 연구를 하였다. 전쟁 이후 1947년부터 벌링턴에 있는 버몬트 대학교에서 가르치기 시작하였고 남은 기간 동안 이 대학교에 재직하였다. 1958년부터는 『The Individual Psychology News』의 편집장을 맡았으며 『The Journal of Individual Psychology』의 내용을 미국 이외의 회원들에게 번역하여 전달하는 역할을 하였다.

Heinz Ansbacher와 Rowena Ansbacher는 30년이 넘는 시간 동안 공동으로 개인심리학 3부작을 썼으며, Adler의 이론을 분석하고 설명하였다. 특히, 1956년 Basic Books에서 출판한 『Alfred Adler의 개별 심리학』은 25쇄 이상의 인쇄와 여러 언어로 번역되었다. 이들 부부는 Adler가 했던 것보다 Adler의 이론을 보급하는데 더 성공적이라는 평을 받았다. 전 개인심리학 저널의 편집장이었던 Guy J. Manaster 박사는 Ansbacher 박사를 Adlerian 이론의 체계화, 보급 및 발전이라는 사명의 '중심인물'이라고 불렀다.

Ansbacher는 2006년 6월 22일 버몬트주 벌링턴에 있는 그의 집에서 101세의 나이로 사망하였다. 그는 개인심리학의 과제를 개인이 목표를 설정하고 협력해서 자신의 목표를 향해 나아가고 다양한 삶의 문제에 대처할 수 있도록 격려하는 것이라고 보았다.

그의 주요 저서로는 『우월성과 사회적 관심(Superiority and Social

Interest)』『남성과 여성의 협력(Cooperation Between the Sexes)』 등이 있다.

4. Don Dinkmeyer의 생애

Don Dinkmeyer(1924~2001)는 코랄 스프링스에 있는 의사소통 및 동기화 훈련 연구소 소장으로, 상담심리전문가이며 가족치료전문가였다. 그는 1986년 미국 상담 및 발달 심리학회에서 전문 학술상을 받았으며 1990년 미국심리학회(APA)에서 상담심리학의 공로자로 선정되었다.

그는 아들러 학파 심리치료, 교실지도, 학부모 교육, 집단상담 및 결혼 분야의 선구자였다. 그는 35권의 책과 125편의 논문을 저술하였고, 양육, 결혼, 교실 지도 및 부모교육, 초등학교 상담 분야에서 여러 전문기관으로부터 평생 공로상을 받았다. 아들러 이론을 부모교육에 접목한 STEP 같은 심리교육 프로그램을 저술하고 공동 집필하였으며, 캐나다, 멕시코, 남아프리카공화국, 영국, 독일, 스위스, 일본 등 46개 국가에서 자문을 하고 워크숍을 수행하였다.

그의 주요 저서로는『격려리더십(Leadership by encouragement)』

『어린아이를 위한 부모역할(Parenting Young Children)』『당신이 어떻게 느끼는가는 당신의 책임입니다(How You Feel Is Up To You)』『격려기술(The Skills of Encouragement)』 등이 있다.

5. Harold Mosak의 생애

Mosak은 1921년 10월 29일에 태어나 2018년 6월 1일에 사망하였다. 그는 시카고 대학에서 임상심리학 박사학위를 받았으며 일리노이 심리학 면허번호 37번이었다. 미국심리학회 평행회원이었으며, 1943~1946년까지 미군에 복무하였다.

아들러 대학교 창립자인 Mosak 박사는 오랫동안 교육기관의 기초를 다지기 위한 노력을 했다. 시카고에 이민 온 정신과 의사 Rudolf Dreikers의 조언을 받으며, Bernard Shulman, Robert Powers와 함께 아들러 연구소에서 출발하여 아들러 스쿨에 이어 아들러 대학교로 성장시켰다.

아들러 이론의 가치에 대한 확고한 의지와 끊임없는 연구, 탁월한 사회정의 구현 활동은 많은 사람을 그의 추종자로 만들었다. 아들러 연구소의 초창기에 Mosak 박사는 학교의 도서관을 설립했다. Adler와 그의 제자들의 저서를 찾기가 힘들었지만, 그는 하나씩 수집하고, 그의 아내 버디(Birdie), 그리고 학생들과 손을 잡고 컬렉션을 만들었다. 그들의 노력을 통해 도서관이 성장했고 전 세계의 학생들이 아들러를 공부하고 있다. 2011년에 Mosak 박사의 탄생 90주년을 기념하고 후원자들의 지원을 통해 현대도서관을 Harold and Birdie Mosak Library로 헌납하였다.

Mosak은 인간중심 심리치료, 합리적 정서적 행동치료, 절충주의치료, 혁신 이론가들과 함께 Corcinni가 제안한 한 명의 내담자와 5명의 치료자에서 치료자와 집필자의 역할을 하였다. 이 작업은 현대의 많은 치료자들에게 아들러 이론의 적용을 확인할 수 있는 좋은 교재가 되고 있다.

또한 그는 자신의 사명을 '수십 년 후, 나의 개인적인 미션은 아들러 학파 개념과 실천이 심리학 이론과 치료의 중심으로 남아 있도록 보장하는 것'이라고 말했다. 그의 노력 덕분에 지금은 Adler의 실천을 받아들인 전세계 전문가들의 풍부한 네트워크가 탄생했다.

그의 주요 저서로는『상담과 심리치료의 기법(Tactics in Counseling and Psychotherapy)』『아들러 심리학의 초기(Primer of Adlerian Psychology: The Analytic-Behavioural-Cognitive Psychology of Alfred Adler)』『초기 회상: 해석방법과 적용(Early Recollections: Interpretative Method and Application)』등이 있다.

6. Miriam Pew Ferguson의 생애

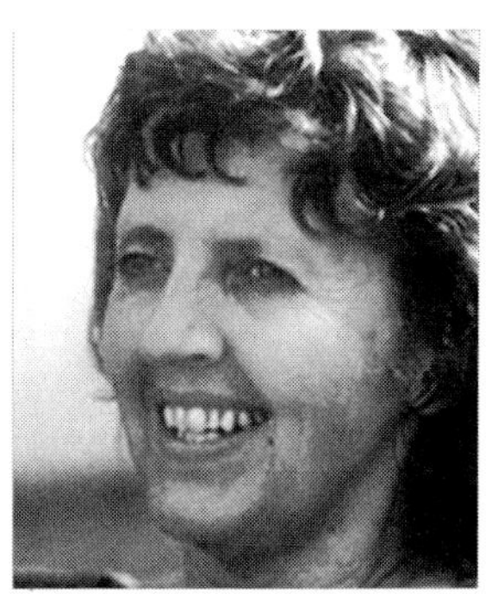

Miriam Pew Ferguson(1926~2014)은 1926년 위스콘신주 라크로스에서 태어났으며 2014년 미네소타에서 사망하였다. Ferguson은 소아과 의사였던 Bill Pew와 결혼하고 가족들을 위해 간호학교를 중퇴하였다. 하지만 1959년 딸의 양육을 위해 부모교육을 받고자 오레곤의 대학에서 Dreikurs의 강의를 수강하게 되었다. 그녀는 이때 Adler의 이론에 매료되어 남편과 함께 Dreikurs와 그의 부인의 활동을 적극적으로 지지하였다. 빌은 나중에 소아과에서 소아 정신의학자로 바꾸었으며 그들의 집에서 많은 Adler 이론가들이 모여 토론과 회합을 하였다.

Ferguson은 1942년에 미네소타 대학교에서 사회복지학 석사를 마치고 중서부지역에서 아들러 이론을 전파하는 데 공헌하였다. 1967년에는 미네소타 아들러 학파 모임(Adlerian Society)을 시작하는 데 많은 도움을 주었고 현재 리치필드에 있는 아들러 대학원에서는 매년 수백 명의 교육자와 정신건강 전문가를 교육하고 인증한다. 학교의 가정교육센터는 Ferguson의 이름을 따서 지었다. 1978년 Bill Pew가 갑자기 사망하고 이후에 그녀는 성당의 집사였던 Del Ferguson과 결혼하여 이후 그녀의 클리닉을 운영하고 가족치료를 하는 데 많은 조력을 받았다. 그녀에게는 5명의 자녀가 있지만 그녀는 항상 도움을 주고 보살피는 모든 사람의 어머니가 되어 아들러 협회의 기둥이 되었다.

Werner Morakutti라는 오스트리아의 정신과 의사는 자신의 아들러 치료이론은 Mim and Bill Ferguson에 의해 도움을 받았으며, 무수한 환자들과 그들의 엄마들은 그들의 효과적인 치료기술에 도움을 받았다고 기술하였다. 그녀는 아들러 여름학교인 ICASSI에서 Ferguson은 가장 인기 있는 선생님 중 한 명으로, 사이코드라마, 초기 회상, 결혼 상담, 생활양식 분석 및 Adler-Dreikurs와 관련된 모든 콘텐츠 영역을 가르치고 결혼 및 가족 상담가로서 탁월한 역할을 담당하였다.

2장

아들러 인간관 및 주요 개념

신이여 저의 내적 불안을 참아낼 침착함을,
불완전할 용기를,
용서하고 사랑할 용기를,
그리고 저의 지식과 경험의 식견을 확장할 지혜를 주소서.

– 노안영

1. 인간관

개인심리학 이론을 이해하기 위해 무엇보다 중요한 것은 이 이론에서 보는 인간에 대한 이해이다. 이 이론에서 강조하는 인간에 대한 이해를 철저히 하기 위해 인간관에 대해 알아보자. 개인심리학에서는 인간을 목적론적, 사회적, 창조적, 그리고 통합적 존재로 본다.

첫째, 인간은 목적론적 존재이다. 인간의 모든 행동에는 목적이 있다는 기본 전제를 바탕으로 개인의 행동을 이해하려고 시도한다. 즉, 개인의 행동은 그의 목적을 달성하기 위한 표현이다. 따라서 개인의 행동을 이해하기 위해서는 행동 이면에 있는 목적을 파악하는 것이 중요하다고 본다.

둘째, 인간은 사회적 존재이다. 개인심리학에서 인간의 적응과 부적응의 핵심적 근거는 그가 사회적 존재로서 사회적 관심 혹은 이익을 위해 행동하는가의 여부이다. 아들러 학파들은 사회적 관심의 정도가 낮고 자기이익만을 위해 행동하는 사람들을 사회적으로 부적응적이라고 본다.

셋째, 인간은 창조적 존재이다. 개인심리학에서 인간은 결정된 존재라기보다 끊임없이 자기 자신을 창조하는 존재이다. 즉, 아들러 학파는 우리가 운명되어진 존재라기보다 자신의 운명을 창조할 힘을 가진 존재임을 강조한다. 개인은 자신의 생활양식을 창조할 자유에 대한 힘을 가진다. 따라서 모든 사람은 자신의 정체감과 행동방식에 책임이 있다. 창조적 힘은 개인을 자유로운 사람으로 만든다. 창조적 힘은 움직임을 함축하는 역동적 개념이다. 이러한 움직임은 삶의 가장 두드러진 특성이다. 모든 정신적 삶은 어떤 목표로의 움직임, 어떤 방향으로의 움직임을 수반한다.

넷째, 인간은 통합적 존재이다. 개인(individual)은 그 어원이 '나누어질 수 없는(in + divisible)'으로 통합적 존재이다. 개인을 이해하는 데 부분적인 입장이 아니라 전체적(holistic) 입장에서 이루어질 것을 강조한다. 이런 점에서 아들러 학파의 주장은 최근 개인의 총체적 건강으로 정신과 신체를 분리해서 보기보다는 통합해서 보는 입장과 일치한다. 개인은 나누어질 수 없는 독특한 존재이다. 인간은 전체로서 어떤 단일 목표달성에 지향되어 있는 존재이다.

아들러 성격이론의 핵심 개념은 건강한 상태에서 긍정적이며 건설적인 통합된, 목표-지향적인, 창조적 자기이다(Ansbacher & Ansbacher, 1979, pp. 5-6). 개인심리학은 모든 개인이 완전 추구, 상향 추구를 하는 존재라는 것을 가정한다. 아들러가 지적한 개인심리학의 기본가정은 다음과 같다(Ansbacher & Ansbacher, 1979, pp. 24-25).

첫째, 개인심리학은 성격의 통합과 자기일관성의 가정을 확립하였다.

둘째, 개인심리학은 독특한 개인이 변화하는 삶의 문제에 대해 행동하는 방식에서 활동의 확고하고 합리적인 영역을 발견한다. 개인이 갖는 적응해야 하는 환경과 자신에 대한 견해는 그의 행동에 결정적이다.

셋째, 개인심리학은 더 나아가 개인의 문제해결에 있어 성공 추구, 즉 삶과 함께 시작된 이러한 추구를 가정한다. 그러나 무엇이 성공을 구성하는가에 대한 판단은 개인의 견해에 달려 있다.

넷째, 개인이건 혹은 집단이건, 어떤 구체적 변형을 평가하기 위한 우리의 준거는 항상 인류에 대한 상향적 발달과 복지에 대한 지향성이다. 다시 말하면, 이러한 일반적 복지와 상향 발달과 같은 목표에 도달하는 데 필요한 사회적 관심의 정도와 종류이다.

다섯째, 사회적 관심은 모든 타고난 인간 잠재력처럼 개인의 자기-일관된 생활양식에 따라서 발달할 것이다.

마지막으로 생활양식은 어렸을 때 아이의 창조적 힘, 즉 그가 세상을 지각하는 방식과 그에게 성공으로서 나타난 것에서 비롯된다.

Mosak과 Maniacci(1999)는 개인심리학의 기본가정으로 열두 가지를 제안하였다. 이러한 내용은 ① 전체론, ② 목적론, ③ 창조적 자아, ④ 유연한 결정론, ⑤ 현상학, ⑥ 사회적 장이론, ⑦ 우월성 추구, ⑧ 개체기술 지향, ⑨ 사용의 심리학, ⑩ '마치 ~처럼' 행동하기, ⑪ 자기충족 예언, ⑫ 낙관론이다(pp.12-28). 이러한 기본가정은 개인심리학에서 강조하는 인간관을 포괄적으로 이해하는 데 도움이 되리라 본다.

요약하면 개인은 생활사에 대한 반응을 스스로 평가하고 선택하는 창조적 존재이며 개인의 모든 행동에는 목적이 있다. 개인의 목적을 달성하기 위해 표현된 행동은 사회적 이익을 위해 이루어지는 것이 필요하다. 그렇지 못한 경우 사회적 존재로서 부적절한 역할을 수행한 것으로 본다. 또한 아들러 학파는 개인의 행동은 전체로서 통합적으로 이해되어야 함을 강조한다.

2. 주요 개념

여기서는 아들러 개인심리학의 주요 개념인 우월성 추구, 사회적 관심, 허구적 최종목적론, 열등감, 용기와 격려, 생활양식, 인생과제, 가족구도 및 출생순위, 사회적 평등 등에 대해서 살펴보고자 한다.

1) 우월성 추구

Adler는 '우월성 추구(striving for superiority)'란 개념을 자기완성 추구, 성공 추구, 혹은 의미 추구란 의미로 사용하였다. Adler는 우월성 추구를 인간의 기본적 추동이라고 보았다. 그는 인간의 자기 신장, 성장, 능력을 위한 모든 노력의 근원이 열등감이라고 말했다. 그러나 '인간이 추구하는 궁극적인 목적은 무엇인가?' '삶의 일관성과 통일성을 부여하는 것은 무엇인가?' '인간은 단지 열등감의 해소만을 추구하는가?' '인간은 단지 타인을 능가하기 위해서만 동기화되는가?' Adler는 이러한 질문들에 대해 1908년까지는 '공격성'으로 1910년경에는 '힘에 대한 의지(will to power)'로 그 후부터는 '우월성 추구'의 개념으로 설명하였다.

우월성 추구는 삶의 기초적인 사실로 모든 인간이 문제에 직면하였을 때 부족한 것은 보충하며, 낮은 것은 높이고, 미완성의 것은 완성하며, 무능한 것은 유능한 것으로 만드는 경향성이다. 즉, 우월성 추구는 모든 사람의 선천적 경향성으로 일생을 통해 환경을 적절히 다스리며 동기의 지침이 되어 심리적인 활동은 물론 행동을 안내한다. Adler는 우월성의 추구를 모든 인생의 문제해결의 기초에서 볼 수 있으며 사람들이 인생의 문제에 부딪치는 양식에서 나타난다고 하였다. 출생에서 사망에 이르기까지 우월성을 추구하기 위한 노력을 인간을 현 단계에서 보다 높은 다음 단계의 발달로 이끌어 준다. 모든 욕구는 완성(perfection)을 위한 노력에서 힘을 얻고 있기 때문에 분리된 욕구란 존재하지 않는다.

Adler는 우월성 추구는 그 자체가 수천 가지 방법으로 나타날 수 있으며, 모든 사람은 자신의 성취나 성숙을 추구하는 노력의 일정한 형태를 가지고 있다고 말한다. 우월성의 추구는 다음과 같은 특징들로 설명된다.

첫째, 우월성 추구는 유아기의 무능과 열등에 뿌리를 두고 있는 기초적 동기이다.

둘째, 이 동기는 정상인과 비정상인에게 공통적으로 존재한다.

셋째, 추구의 목표는 긍정적 또는 부정적 방향이 있다. 긍정적 방향은 개인의 우월성을 넘어서 사회적 관심, 즉 타인의 복지를 추구하며, 건강한 성격이다. 부정적 방향은 개인적 우월성, 즉 이기적 목표만을 추구하며, 이를 신경증적 증상으로 본다.

넷째, 우월성 추구는 많은 힘과 노력을 소모하는 것이므로 긴장이 해소되기보다는 오히려 증가한다.

다섯째, 우월성 추구는 개인 및 사회 수준에서 동시에 일어난다. 즉, 개인의 완성을 넘어서 문화의 완성도 도모한다는 것이다. 이러한 관점에서 Adler는 개인과 사회의 관계를 갈등하는 관계가 아니라 조화할 수 있는 관계로 파악하였다.

Adler는 우월성 추구가 건전하게 이루어진 성격에 사회적 관심을 가미하고 있음을 이해할 수 있다. 즉, 사회적 관심을 가진 바람직한 생활양식을 바탕으로 한 우월성 추구가 건강한 삶이라고 할 수 있다.

2) 사회적 관심

개인심리학에서 개인의 적응과 부적응 여부를 결정하는 중요한 준거는 사회적 관심(social interest)이 높음과 낮음의 정도이다. 사회적 관심은 독일어 gemeinschaftgefühl을 번역한 것이다. 독일어 gemeinschaftgefühl이 영어로는 social feeling, community feeling, communal intention, community interest, social interest 등 다양하게 번역되었다. 지적한 것처럼 사회적 관심은 인간이 사회적 존재로서 사회를 위해 활동함을 말한다. 즉, 우리 자신이 사회를 위해, 좀 더 구체적으로 말하면 타인에 대한 관심이나 이익을 위해 활동하는 존재라는 점이다. 사회적 관심은 인간의 사회적 본능을 강조해서 비롯된 개념이다.

[그림 2-1]에서 설명하는 것처럼 사회적 관심의 높고 낮은 정도에 따라 타인과의 관계와 자신의 행동에 대한 평가가 달라짐을 볼

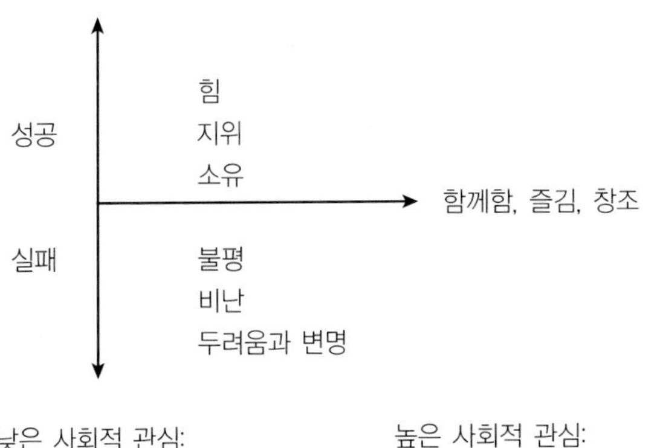

[그림 2-1] 사회적 관심의 높고 낮음에 따른 결과

수 있다.

아들러 학파는 '사회적 관심은 사회로의 자기확장이다.'라고 본다. 또한 사회적 관심은 타고난 것이 아니지만, 단지 잠재적인 것이기 때문에 사회적 맥락 속에서 개발되어야 한다고 생각한다.

3) 허구적 최종목적론

Adler는 인간을 현재를 바탕으로 미래지향적인 삶의 목적을 향해 노력하는 존재로 보았으며, 이러한 삶의 목적은 최소한 사회에 기여할 수 있는 유용한 생활양식을 바탕으로 설정되는 것이 필요하다고 주장하였다. 개인심리학에서는 모든 인간의 행동은 목적을 갖는다고 가정한다. Adler는 목적론으로 Freud의 결정론적인 설명을 대신하였다. Adler는 인간의 행동을 유도하는 상상된 중심 목표를 설명하기 위해 허구적 최종목적론이란 용어를 사용하였다.

허구적 최종목적론이란 허구 또는 이상(理想)이 현실을 보다 더 효과적으로 움직인다는 Hans Vaihinger의 말에서 영향을 받은 개념이다. 그는 1911년 그의 책 『The psychology of as if』에서 인간은 현실적으로 전혀 실현 불가능한 많은 가공적인 생각에 의해서 살아가고 있다는 색다르고 흥미 있는 견해를 제시하였다. 예를 들면, '모든 사람은 동등하게 만들어졌다.' '정직이 최선의 길이다.' '목적이 수단을 정당화한다.'와 같은 허구는 현실보다도 더 효과적으로 사람들을 움직이게 한다는 것이다. Adler는 인간의 행동이 과거 경험에 의해 좌우되기보다는 미래에 대한 기대에 의해서 더 좌우된다는 생각을 하였다. 허구적 최종목적론은 미래에 실재하는 것이기보다 주관적으로 또는 정신적으로 현재의 행동에 영향을 주는 이상으로 지금-여기 존재하는 것이다.

Adler는 인간의 모든 심리현상은 이 허구적 목적을 이해함으로써 설명될 수 있다고 주장하였다. 인간의 궁극적 목적은 허구로서 실현이 불가능할지도 모르나 행동의 원인, 충동, 본능, 힘 등을 넘어서 행위의 최종 설명이 될 수 있다는 것이다. 즉, 최종의 목적만이 인간의 행동을 설명할 수 있다는 것이다. 이 최종의 목적 때문에 인간은 무엇을 진실로서 수용하게 될 것인가, 어떻게 행동할 것인가, 그리고 사건들을 어떻게 해석할 것인가를 위한 창조적 힘을 갖는다.

개인심리학은 모든 심리적 현상의 이해를 위해 목적론의 불가역성을 절대적으로 주장하고 있으며, 최종 목표에 대한 개인의 관점만이 인간의 행동을 설명할 수 있다고 본다.

4) 열등감

인간은 누구나 어떤 측면에서 열등감을 느끼고 있다. 왜냐하면 인간은 현재보다 나은 상태인 완전성을 실현하기 위해 노력하는 존재이기 때문이다. 그리고 사회적 존재로서 다른 사람들과 비교하여 자신을 평가하기 때문이다. 더불어 Adler는 우리 각자가 자기완성을 이루기 위해 자신이 느끼는 열등감을 극복해야 한다는 것을 강조하였다. Adler는 자기완성을 위한 필수 요인으로서 열등감을 꼽았으며 열등감을 긍정적인 측면에서 보았다.

좀 더 구체적으로 열등감이 심리적 건강 혹은 신경증에 이르는 과정을 살펴보자. 개인이 열등감을 완성에 도달하기 위한 우월성 추구를 하면 건설적 생활양식을 갖게 되어 심리적 건강을 달성한다. 이러한 사람은 자신의 부족한 점을 스스로 인정하고 그것을 극복하려는 의지와 노력을 통해 자기완성을 이루기 위해 매진한다. 즉, 심리적 건강을 위해 우리가 열등감을 지배하는 게 필요하다. 반면, 개인이 열등감을 개인적 우월성 추구에 집착하면 파괴적 생활양식을 갖게 되어 신경증에 빠지게 된다(Ryckman, 2000, pp. 119-120). 열등감에 사로잡혀 열등감의 노예가 된다면 그것은 열등감이 우리를 지배하게 된다. 이렇게 된다면 우리의 삶은 열등감 콤플렉스에 빠져 버리게 된다.

Adler는 열등감 콤플렉스를 '주어진 문제를 사회적으로 유용한 방식으로 해결하기에 충분히 강하지 않는 사람'이라고 말했다. 이러한 콤플렉스는 아동기 때 어른들이 그들의 아이들을 다루는 방식에 의해 나타나는 것임을 발견하였다. Adler는 열등감 콤플렉스의 세 가지 원인을 기관열등감(organ inferiority), 과잉보호(spoiling), 양육태만(neglect)이라고 하였다.

(1) 기관열등감

이 원인은 개인의 신체와 관련된 것이다. 즉, 개인이 부모에게서 물려받은 자신의 신체에 대하여 어떻게 생각하는가와 관련된 것이다. 외모에 대해서 어떻게 생각하는가? 신체적으로 건강한가, 아니면 자주 아픈가? 신체적으로 불완전하거나 만성적으로 아픈 아이들은 다른 아이들과 성공적으로 경쟁할 수 없다. 그래서 이런 아이는 열등감이라는 소라 껍질 속에 움츠러든다.

(2) 과잉보호

이 원인은 부모의 자녀교육과 관련된 것이다. 자녀를 얼마나 독립적으로 키우느냐 의존적으로 키우느냐는 부모의 교육방식에 따라 달라진다. 가족이 핵가족화됨으로써 '내 자식 위주'의 사고를 가진 부모들이 많아졌다. 아이가 학교나 사회에서 어떤 문제를 일으켰을 때, 아이 스스로 해결할 수 있도록 기회를 주기보다는 부모들이 먼저 나서서 모든 일을 해결해 버리는 경우가 많다. 과거 한참 유행이었던 '마마보이'라는 말은 부모의 과잉보호로 인해 부모 없이는 아동 스스로 아무것도 결정할 수 없다는 것을 비꼬는 말이었다. 과잉보호로 자란 아이들은 다른 사람들이 항상 그를 위해 모든 것을 해 주기 때문에 자신감이 부족하게 되어 그들 자신이 인생의 어려운 고비에 부딪쳤을 경우 해결할 능력이 없다고 믿고 깊은 열등감에 젖게 된다.

(3) 양육태만

이 원인은 부모가 자녀에 대한 최소한의 도리를 하지 않는 것과 관련된다. 아이들의 성장에 있어서 부모의 사랑과 관심은 매우 중요한 요소이다. 아이들은 부모와의 신체접촉, 놀이를 통해 안정된 정서를 갖게 되며 자신의 존재 가치를 느끼게 된다. 사회의 급격한 변화와 더불어 이혼율과 여성의 사회참여가 증가하면서, 자녀에 대한 사랑과 관심이 줄어들고 있다. 특히 가정에서, 비디오 교육이라는 명목하에 아이들에게 홀로 비디오를 보게 함으로써 부모의 역할을 태만히 하는 경우가 많다. 이러한 양육태만으로 방치된 아이들은 근본적으로 자신이 필요하지 않다고 느끼고 있기 때문에 열등감을 극복하기보다는 오히려 문제에 대해 회피하거나 도피한다. 즉, 이러한 아이들은 자신의 능력을 인정받고 애정을 얻거나 남으로부터 존경을 받을 수 있다는 자신감을 잃고 세상을 살아간다. 이러한 세 가지 어릴 때의 상황은 성년이 된 후에 신경증을 일으키는 중요한 요인이 된다.

이처럼 부모역할이 아동, 즉 인간의 생활양식에 강력한 영향을 준다는 것을 아들러 개념을 통해 이해할 수 있다. 최근에 부모역할훈련에 활발하게 사용되고 있는 아들러 상담이론에 근거한 '효과적 부모역할을 위한 체계적 훈련(Systematic Training for Effective Training: STEP)'이나 '현대의 적극적 부모역할(Active Parenting Today: APT)'에서 강조하는 민주적 부모역할도 아동의 생활양식의 형성과 밀접하게 관련되어 있다. 즉, 독재형이나 허용형의 부모역할로 양육된 아동은 부정적인 생활양식을 형성하게 된다는 것을 쉽게 이해할 수 있다.

5) 용기와 격려

Adler의 개인심리학을 '용기의 심리학'이라 부를 정도로 Adler는 용기의 중요성과 낙담된 사람들에게 용기를 불어넣는 격려를 강조하였다. Adler는 사회적으로 부적응적이거나 심리적으로 문제가 있는 대부분의 사람들은 용기를 잃고 낙담된 상태에 있다고 보았다. 특히, 아들러 학파는 인간이 불완전한 존재로 자신의 열등감을 극복하는 데 불완전할 용기를 갖고 자기완성 추구 혹은 성공 추구를 할 것을 강조하였다. Rudolf Dreikurs는 "식물에게 물과 태양이 필요하듯 인간에게 격려가 필요하다."고 강조하면서 낙담된 사람에게 격려를 통해 용기를 심어 줄 것을 피력하였다. 삶의 도전에 맞서지 못하고 열등감 콤플렉스나 우월감 콤플렉스에 사로잡힌 사람들은 있는 그대로 자신이 되려고 하는 불완전할 용기가 결여되어 있다고 본다. 즉, 이런 사람들은 용기의 결여인 두려움으로 자신이 가진 열등감을 극복하지 못하고 회피와 도피적인 생활양식으로 살아간다고 본다.

Adler는 사람들을 진단하는 것에 대해 부정적인 입장을 견지하였다. 그는 개인이 어떤 문제를 가진 경우에 그가 용기를 잃고 낙담된 상태에 있는 것으로 보았다. 격려(encouragement)라는 말은 일반적으로 타인에게 용기(courage)를 북돋워 주는 것으로 사용되어 왔다. 격려의 반대는 낙담(discouragement)으로 타인을 낙담시킨다는 의미는 그의 용기를 제한하거나 잃도록 하는 것이다. 격려와 낙담을 바탕으로 사람들을 크게 둘로 분류하면, 격려하며 사는 사람은 건강하며 적응적인 생활을 하는 것으로, 낙담하여 사는 사람은 건강하지 못하며 부적응 생활을 하는 것으로 볼 수 있다. 이러한 관점에서 최근 혁신적인 상담접근방식으로 Adler의 개인심리학 이론에 근거하여 Losoncy(2001)는 '격려치료(encouragement therapy)'를 개발하여 제안하였다. 기본적으로 격려치료는 상담자가 내담자를 격려해 줌으로써 그를 조력하는 접근방식이다. Adler의 개인심리학 상담접근에서 상담자의 격려를 무엇보다 중요하게 여긴다. 아들러식 상담자들은 흔히 상담에서 상담자가 경청만 잘해 주면 내담자가 변화한다는 말과 유사하게 격려만 잘해 주면 내담자를 조력할 수 있다고 본다.

격려는 복잡한 과정으로 정확한 정의를 하는 것이 쉽지 않다. 최선으로 격려를 정의해 보면, 교사가 학생을 존경하고, 신뢰하고, 믿고, 그의 현재의 부족한 기술이 어떤 방식으로건 인간으로서 그의 가치를 감소시키지 않는다고 생각한다는 것을 학생에게 전달하는 행동이다(Dreikurs, Grunwald, & Pepper, 1998, p. 103).

격려할 능력은 타인과 잘 어울리는 데 있어 가장 중요한 단일 특성이다. 또한 격려할 능력은 자신에 대한 믿음을 가정한다. 그러한 믿음이 없으면 자기평가를 위한 우리의 보상적 갈망이 우리가 최선의 노력을 하지 못하게 할 것이다. 격려할 능력은 자신감을 불어넣는 능력이다. 어떤 사람의 잘못된 자아개념을 변화시키기 위해, 우리는 '그가 있는 그대로 충분히 좋다.'는 것을 진심으로 확신해야 한다. 우리 모두는 현재의 자신보다 더 나아질 수 있다. 그러나 이것이 우리가 더 나아질 수 없다면 우리가 결코 가치 없다라는 것을 의미하지 않는다.

성장에 있어 역동적 힘은 용기이다. 개인이 먼저 자신의 능력을 믿지 않으면 누구도 능숙하게 될 수 없다. 우리 모두는 잘못을 두려워하는 것에 조건화되어 있다. 잘못의 부정적 평가는 격려의 여지를 거의 남기지 않는다(Dreikurs, 1971, pp. 120-122). 최근에 Yang, Milliren, 그리고 Blagen(2010)은 용기를 "어려움이 있을 때 자기와 타인의 이익을 지향하여 우리가 나아가도록 하는 내부와 외부에서 비롯된 창조적 생명력이다. 특히 용기와 용기의 행위는 생애과제(일과 직업, 사랑과 결혼, 사회, 자기지향성, 영성)와 관련하여 사회적으로 유용한 방식으로 기여하고 협동할 개인의 의지에서 가장 잘 표현된다."라고 정의하였다(p. 14).

Wald와 McAbee(1985)는 격려는 상호존중, 평등성, 이해, 신념을 포함해야 한다고 제안하였다. Dinkmeyer와 Losoncy(1996)는 "격려는 모든 긍정적 개인적 및 전문적 관계에서 핵심 요인이다. 격려는 긍정적 행동을 하도록 개인의 내적 자원과 용기의 발달을 촉진하는 과정이다."(pp. 5-7)라고 진술하였다.

격려의 행동은 과업을 성취하는 데 대한 노력, 향상, 기여를 인식하는 것이다(Dreikurs & Grey, 1968; McKay, 1992). Azoulay(1999)는 어떤 행동이나 생각에 따른 강화로서 보다 행동이나 인지에 선행하는 자극으로서 작동한다고 진술하였다. 또한 Azoulay는 격려가 잘 행해진 과업에 대한 보상이 아니며 사람이나 그의 활동에 대한 긍정적이지만 판단적 진술일 경향이 있는 칭찬도 아니라고 주장하였다. 차라리 격려는 개인의 내적 세계와 외적 세계 간의 어떤 연결고리이다(Cheston, 2000).

Dinkmeyer와 Losoncy(1980)는 격려가 판단이 아니라 기술하고, 사회적 가치, 과정과 향상(이전의 수행과 비교가 아닌), 노력을 강조하고, 긍정적 수행의 결과로서 개인이 갖는 좋은 감정에 초점을 두기 때문에 효과가 있다고 주장하였다. 다양한 연구자들은 격려를 의사소통하는 방식으로서 경청과 이해, 비판단적인 것, 타인과의 관계에서 인내 유지, 타인 및 자신의 능력에 대한 신념과 자신감을 불어넣는 것, 노력이나 향상에 초점을 두는 것, 강점과 자질에 초점을 두는 것 등으로 기술하였다(Dinkmeyer & Losoncy, 1980; McKay, 1992; Sweeney, 1998).

6) 생활양식

생활양식(life style)은 생을 영위하는 근거가 되는 기본적 전제와 가정을 의미한다. 생활양식은 삼단논법에 의해 '나는 ~이다; 세상은 ~다; 그러므로 ~다'로 표현될 수 있다. 우리는 생활양식에 따라 생각하고, 느끼고, 행동한다.

인간은 우월성 추구나 자기완성 추구와 같은 한 가지 궁극적인 목표를 가지고 있지만 이러한 목표를 향한 개인들의 구체적인 행동들은 다양하다. 사람들은 자신에게 의미를 주는 삶의 목표를 추구하기 위해 각기 독특한 생활양식을 발달시킨다. 다시 말해, 모든 사람은 구별되는 생활양식을 발달시킨다. 생활양식은 한 개인이 어떻게 그의 인생의 장애물을 극복하고, 문제의 해결점을 찾아

내고 어떠한 방법으로 목표를 추구하는지에 대한 방식을 결정해 주는 것이다(Sharf, 2000).

생활양식이 어떻게 발달하는가를 이해하기 위해서는 열등감과 보상의 개념을 이해하는 것이 필요하다. 왜냐하면 이 개념들이 생활양식의 근본을 결정하기 때문이다. Adler는 우리가 어릴 때 모두 상상이든 실제로든 열등감을 경험하고, 이것은 우리로 하여금 어떤 방법으로 보상을 하게끔 만든다고 가정하였다. 구체적으로 말하면, 신체적으로 허약한 어린이는 체력을 보다 훌륭하게 발달시키는 쪽으로 보상하려고 애쓸 것이다. 개인의 행동은 자기의 신체적 한계점을 의식함으로써 형성되는 것이므로, 이것은 차츰 그의 생활양식, 즉 열등감을 보상하기 위한 행동이 되어 버린다. 따라서 우리의 생활양식은 우리의 독특한 열등감을 극복하기 위한 노력을 나타낸다.

Adler의 견해에 따르면, 생활양식은 대부분 네 살부터 다섯 살 때 형성되며, 이 시기 이후 개인의 생활양식은 변하지 않는다. 물론 사람들은 계속 그들의 독특한 생활양식을 새로운 방식으로 나타내는 것을 배우지만, 그것은 단순히 어릴 때 정착된 기본구조의 확대일 뿐이다. 이렇게 형성된 생활양식은 계속 유지되어 그 후의 행동의 뼈대를 이룬다.

개인의 독특한 생활양식은 그가 생각하고 느끼고 행하는 모든 것의 기반이 된다. 일단 생활양식이 형성되면, 이것은 우리의 외부 세계에 대한 전반적인 태도를 결정할 뿐 아니라 우리의 기본 성격구조가 일생을 통하여 일관성이 유지되게 한다. 이런 점에서

Adler는 생활양식이라는 것은, 서로 연관되어 있는 주요한 세 가지 인생과제에 대해 개인들이 어떻게 접근하는지를 관찰함으로써 이해될 수 있다고 하였다. 세 가지 인생과제는 직업(occupation), 사회(society), 사랑(love)이다. Adler는 이러한 인생과제가 개별적인 문제로 존재하는 것이 아니라 항상 상호 관련되어 있으며, 그 해결방법은 또한 생활양식에 달려 있다는 것을 강조하였다. "한 문제의 해결은 다른 문제의 해결을 도우며, 실제로 여러 인생과제는 모두 같은 상황이나 같은 문제의 여러 면을 나타낸다. 그리고 인생과제는 우리가 생을 유지하고 진전시키는 이유인 것이며, 인간은 그 속에서 자신을 발견하게 된다."라고 언급하였다.

Adler는 직업, 사회, 사랑을 다루는 방식에 있어서 지나치게 단순화시켰다는 점을 인식하고, 생활양식을 일반적인 유형으로 범주화시켰다. 이러한 생활양식은 사회적 관심(social interest)과 활동수준(degree of activity)으로 구분되는 이차원적인 모형이다. 사회적 관심은 인간 각 개인에 대한 공감을 말하며, 이는 개인의 이익보다는 사회발전을 위해 다른 사람과 협력하는 것을 뜻한다. 아들러 이론에 있어서 사회적 관심은 심리적 성숙의 주요 기준이 되며 이기주의적인 것과 상반된다. 활동수준이란 인생문제를 다루는 데 있어서, 개인이 보여 주는 에너지의 양을 말한다(Sharf, 2000). 이 활동수준은 보통 어릴 때 형성되는데, 아주 무기력하고 우유부단한 사람에서부터 끊임없이 왕성하게 활동하는 사람까지 다양하다. 그러나 활동수준이 건설적으로 되는지 또는 파괴적으로 되는지의 여부는 그것이 사회적 관심과 결합될 때이다.

Adler는 사회적 관심과 활동수준에 따른 생활양식을 네 가지, 즉 지배형(the ruling type), 기생형(the getting type), 회피형(the avoiding type), 사회적 유용형(the socially useful type)으로 설명하였다. 지배형, 기생형, 회피형은 바람직하지 않는 유형으로, 사회적 관심이 부족하다는 공통점이 있으나 활동수준에는 차이가 있다. 사회적 유용형은 바람직한 유형으로 사회적 관심과 아울러 활동수준도 높다. Adler는 이러한 생활유형은 가정에서 어린 시절에 부모의 영향하에서 주로 형성된다고 보았다(노안영, 2018). 이러한 내용을 표로 제시하면 [그림 2-2]와 같다.

<table>
<tr><td colspan="2" rowspan="2"></td><td colspan="2">사회적 관심</td></tr>
<tr><td>고</td><td>저</td></tr>
<tr><td rowspan="2">활동
수준</td><td>고</td><td>사회적 유용형</td><td>지배형</td></tr>
<tr><td>저</td><td></td><td>기생형
회피형</td></tr>
</table>

[그림 2-2] 생활양식 유형

(1) 지배형

지배형은 부모가 지배하고 통제하는 독재형으로 자녀를 양육할 때 나타나는 생활양식이다. 민주사회에서 요구하는 바람직한 시민상을 고려할 때 상대방에게 지배와 복종을 강요하는 생활양식이 적절하지 않다는 것을 쉽게 알 수 있다. 우리 사회가 오랫동안 가부장적 가족문화, 유교문화로 권위를 중시한 문화였기 때문에 아직도 아버지가 가정에서 힘을 휘두르는 경우가 많다고 여겨진다. 부모가 막무가내로 힘을 통해 자녀를 지배하고 통제할 때 자녀의 생활양식은 지배형으로 형성된다.

(2) 기생형

기생형의 생활양식의 주요한 특징은 의존성이다. 이러한 생활양식은 부모가 자녀를 지나치게 과잉보호할 때 나타나는 태도이다. 부모가 자식사랑이란 미명 아래 자녀를 지나치게 보호하여 독립심을 길러 주지 못할 때 생기는 생활태도이다. 우리는 누구도 자녀가 사회의 기생충이 되기를 원하지 않는다. 스스로 자신의 문제를 해결하고 자신의 인생을 개척해 갈 수 있는 사람을 원한다. 자신이 노력하여 떳떳하게 성취할 수 있는 사람을 원한다. 사랑하는 자녀가 원하는 것은 무엇이든지 들어줄 때 자녀는 이러한 기생형의 생활양식을 배운다는 것을 명심할 필요가 있다. 새가 껍질을 깨뜨리는 아픔을 겪고 태어나 많은 시련을 통해 나는 것을 배우는 것처럼 자녀가 스스로 어떤 일을 할 수 있도록 조력하는 것이 필요하다. 자본주의 사회에서 부모의 재산을 보고 빈둥대는 많은 사람이 기생형의 한 예라 볼 수 있다.

(3) 회피형

회피형의 생활양식을 가진 사람은 매사에 소극적이며 부정적인 특징을 가진다. 이러한 생활양식을 가진 사람은 자신감이 없기 때문에 적극적으로 직면하는 것을 피한다. 현대사회에서 살아남기 위해서 벤처기업이 필요하다는 것을 강조한다. Toynbee가 인류역사를 도전과 응전의 역사라고 얘기했던 것처럼 각 개인에게 있어서도 보다 나는 삶을 위해서 과감하게 도전하는 자세가 필요하다. 그러나 회피형의 사람은 마냥 시도하지도 않고 불평만 하기 때문에 사회적 관심이 떨어져 고립되게 된다. 부모가 자녀교육을 할 때 자녀의 용기를 꺾어 버리는 것이 이러한 회피형 생활양식을 갖게 할 수 있다. 기를 살려 주는 자녀교육이 필요하다. 부모로서 사회적 관심을 갖고 매사에 적극적으로 참여하는 태도를 자녀에게 보여 주는 것이 또한 필요하다.

(4) 사회적 유용형

사회적 유용형은 높은 사회적 관심과 높은 활동을 가지고 있다. 아들러 이론에서 이러한 생활양식을 가진 사람은 성숙하고 긍정적이고, 심리적으로 건강한 사람의 표본이 된다. 이들은 사회적인 관심이 많아서 자신과 타인의 욕구를 동시에 충족시키는 한편, 인생과제를 완수하기 위해 기꺼이 다른 사람들과 협동한다. 이들은 또한 사회문제를 해결하기 위해서는 협동, 개인적인 용기 그리고 타인의 안녕에 공헌하려는 의지가 필수적임을 인식하고 있다.

7) 인생과제

Adler는 사람이면 누구나 주요한 세 가지 인생과제인 일과 여가(work & leisure), 우정(friendship), 사랑(love)에 직면하게 된다

다섯 가지 인생과제

- 인생과제 1: 일과 여가
- 인생과제 2: 우정
- 인생과제 3: 사랑
- 인생과제 4: 영성
- 인생과제 5: 자기지향성

  자기지향성 과제에는 가치감, 통제감, 현실적 신념, 정서적 자각 및 대처, 문제해결 및 창의성, 유머감, 영양, 운동, 자기보살핌, 스트레스 관리, 성정체감, 문화정체감 등의 열두 가지 구성요소가 포함된다.

고 믿었다. 그 후 수십 년간의 연구들을 통해 이 세 가지 주요 인생과제야말로 건강과 안녕에 있어 핵심이라는 입장을 더욱 공고히 해 왔다. Mosak과 Dreikurs(1967)는 Adler에 의해 암시되기만 했던 네 번째, 다섯 번째 인생과제를 확인하였다. 네 번째 인생과제는 영성(spirituality)으로서, 우주, 신과 관련된 개인의 영적 자아(spiritual self)를 다루는 것이며, 다섯 번째 과제는 자기지향성(self-direction)으로서, 주체로서의 나와 객체로서의 나를 다루는 데 있어 개인의 성공을 다루고 있다. [그림 2-3]은 Witmer, Sweeney, 그리고 Myers 등이 Adler의 인생과제를 바탕으로 구성한 안녕(wellness)의 여러 차원에 관한 것이다. '안녕의 바퀴'는 다섯 가지 인생과제(life tasks), 생활세력(life forces), 지구촌 차원의 사건(global events) 등으로 구성되어 있다. 각 차원에 해당되는 구성요소들을 간략하게 살펴보면 다음과 같다.

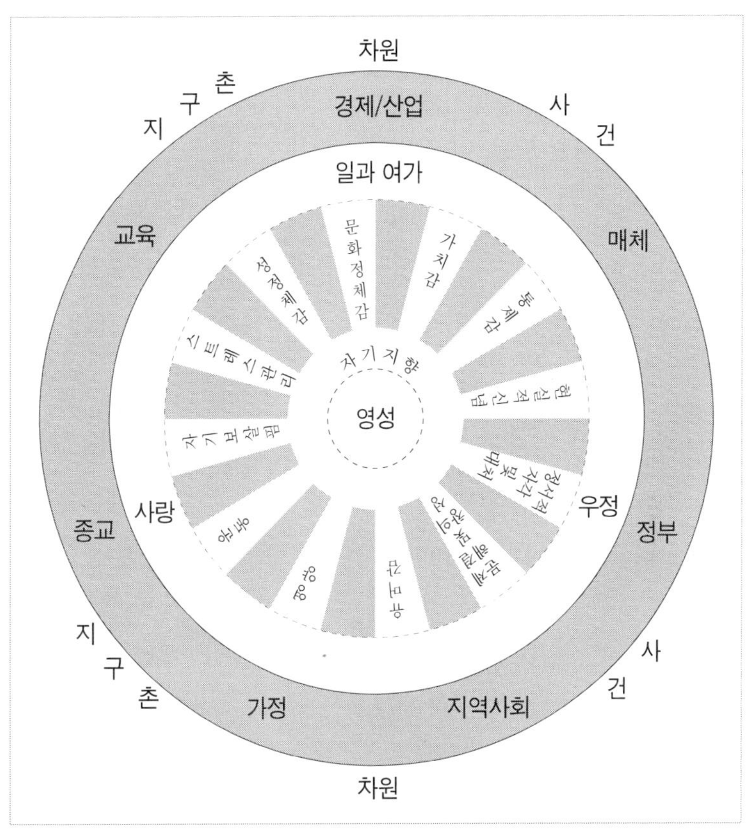

[그림 2-3] 안녕의 바퀴

출처: Sweeney, T. J. (1998). *Adlerian counseling: A practitioner's approach*(4th ed.). London: Taylor & Francis.

(1) 생활세력

생활세력은 개인의 안녕에 영향을 주는 사회 제도적 측면을 의미하는 것으로서, 가정, 종교, 교육, 지역사회, 매체, 정부, 경제/산업 등의 영역이 포함된다. Adler와 Dreikurs는 일생에 걸쳐 이 생활세력들의 중요성을 교육하였다. 생활세력들이 개인의 안녕에 지대한 영향을 미치므로 사회 제도의 개선을 위한 관심과 노력이 지속적으로 이루어져야 함을 강조하였다.

(2) 지구촌 차원 사건

일상생활과 삶의 질에 영향을 미치는 더 큰 차원으로 지구촌 차원의 사건을 들 수 있다. 전쟁, 기아, 질병, 가난, 환경오염, 인구폭발, 인권침해, 경제착취, 실업 등은 한 지역에만 국한되는 것이 아니라 전 세계적인 문제가 되었다. 교통수단, 대중 미디어, 인터넷 등의 급속한 증가로 더 이상 지구촌 곳곳에서 일어나는 이러한 문제를 무시할 수 없게 되었다. 때문에 이제는 지구 반대편 나라에서 벌어지는 일이 한 개인의 안녕에 많은 영향을 끼친다고 볼 수 있다.

8) 가족구도 및 출생순위

Adler는 이러한 생활양식의 문제 외에 가족구도(family constellation)와 출생순위(birth order)가 우리의 생활양식 형성에 중요하다는 것을 강조하였다. 가정에서 부모를 중심으로 자녀와의 가족관계가 어떠한 가족구도를 형성하고 있는가는 자녀의 생활양식을 형성하는 데 중요하다. 또한 자녀의 수가 몇 명인가와 출생순위도 성격 형성에 영향을 준다. 결혼을 해서 낳은 첫째 아이가 부부가 정말 원해서 출생하였는가의 여부, 첫째 아이가 남자인 경우 혹은 여자인 경우, 독자인 경우 등에 따라 부모가 자녀에게 대하는 심리적 태도가 다를 수 있다. 우리나라는 유교문화의 전통 속에서 오랫동안 부모들이 아들을 선호해 왔다. 요즘에는 자녀들이 하나 아니면 둘이지 세 명 이상인 경우는 많지 않다. 하지만 세 명 이상인 경우에는 자녀가 딸 딸 그리고 아들이거나 딸 딸 딸 다음에 아들일 확률이 대부분이다. 이것은 꼭 아들이 있어야 한다는 우리의 문화적 풍토를 반영한 것이라 본다. 부모를 중심으로 한 가족구도 속에서 부모가 민주적으로 모든 자녀에게 대등한 관계에서 자녀를 양육하지 못할 경우 어떤 자녀는 심리적 상처를 받을 수 있다.

출생순위(birth order)와 가족 내 위치에 대한 해석은 어른이 되었을 때 세상과 상호작용하는 방식에 큰 영향을 미친다. 아동기에 타인과 관계하는 독특한 스타일을 배워서 익히게 되며, 그들은 성인이 되었을 때도 그 상호작용 양식을 답습한다. 아들러 학파 치료에서는 가족역동, 특히 형제간의 관계를 다루는 것을 매우 중요시한다. 개인을 어떤 유목으로 전형화하는 것은 피해야 할 일이지만 아동기에 형제간의 경쟁의 결과로 생겨난 성격 경향이 개인의 남은 삶을 통해서 재현되는가를 살피는 것도 도움이 될 것이다. Adler가 제시한 출생순위에 따른 성격의 특징을 요약해 보면 〈표 2-1〉과 같다.

〈표 2-1〉 출생순위에 따른 성격의 특징

출생순위	성격 특징
첫째 아이	집안에서 매우 독특한 위치를 갖는다. 첫째 아이로서 부모의 모든 사랑과 관심을 받는다. 둘째 아이가 태어나면 '폐위된 왕'이 된다. 이러한 위치의 변화는 보통 열등감을 심화시킨다. 둘째의 출생에 대해 아무런 준비를 하지 않는 것은 첫째 아이를 후에 신경증, 알코올 중독, 범죄 또는 성적 일탈자로 이끈다. 좀 더 긍정적인 측면에서 보면 어린 동생이 더 약하기 때문에 첫째 아이는 리더가 되기도 한다. 생애 초기에 권력을 가졌고, 이후 이를 잃어버렸다가 다시 권력을 되찾으려고 노력해야 하기 때문에 첫째 아이는 권위의 중요성을 동생보다 더 잘 이해한다. 상실로 고통받았기 때문에 동생들에 대해 더 동정적이다. 첫째 아이는 경쟁자 없는 '왕'이나 '여왕'이었을 때를 생각나게 하는 과거에 더 큰 관심이 있다. Adler에 따르면 첫째 아이가 사회적 유용형이 되지 않으면 지배형이 될 가능성이 높다.
둘째 아이 또는 중간 아이	둘째 아이의 가장 큰 특성은 '경쟁'이다. 이들에게 삶은 따라잡으려는 끊임없는 경주이다. Adler는 이들이 공통적으로 달리는 꿈을 꾼다고 하였다. 어떤 경우에는 '적을 이길 수 없다면, 한편이 되어라.'라는 강한 협력의 태도를 발전시킬 수 있다. 반면, 경쟁의 태도가 너무 강하여 혁명가가 될 수도 있다.
막내 아이	막내 아이는 과잉보호될 가능성이 가장 크다. 많은 경우에 부모는 이 아이를 마지막 자녀로 여긴다. 과잉보호될 가능성이 크기 때문에 Adler는 막내가 문제아가 된다고 생각하였다. 과잉보호 때문에 막내는 과도하게 의존적이 된다. 긍정적인 측면에서 Adler는 막내가 정상에 서는 영웅이 되는 우화와 사례들을 인용하였다.
독자	독자는 가족 내에서 경쟁할 사람이 없기 때문에, 경쟁자가 될 가능성은 적다. 독자로서 이들은 관심의 중심이 되고 자신의 중요성에 대해 과장된 견해를 갖고 있다. Adler는 독자가 전형적으로 소심하고 의존적이라는 데 동의한다. 부모가 또 다른 아이를 갖거나 독자를 잃어버릴까 봐 일반적으로 불안해 한다는 점이 Adler의 생각이었는데, 이러한 태도는 자식에게 전달된다.

출처: Lundin, R. W. (2001). 애들러 상담이론: 기본 개념 및 시사점[*Alfred Adler's basic concepts and implications*]. (노안영, 강만철, 오익수, 김광운, 송현정 공역). 서울: 학지사.

9) 사회적 평등

사회적 평등은 모든 사람의 '사회적 지위(social status)'가 대등하다는 것을 의미한다. 쉽게 말하면, 사람 위에 사람 없고 사람 밑에 사람 없고 사람 옆에 사람 있는 수평적 관계를 말한다. 민주주의는 평등한 사람 간의 관계, 근본적인 인간평등에 대한 인식을 전제한다. 사회적 평등을 '평등한 기회(equal opportunity)'라는 개념과 유사한 것으로 혼동해서는 안 된다. 평등한 기회란 말은 기본적인 사회적 평등의 실현을 구체화하지 못함은 물론 더 악화시킨다(Dreikurs, 1971, p. 187).

수직적인 사회적 관계에서 상호존중의 관계는 불가능하다. 왜냐하면 수직적 관계는 지배와 복종의 관계이기 때문이다. 지금까지 인류역사를 통해 많은 희생과 노력으로 달성한 정치체제가 민주주의이다. 물론 민주주의가 여전히 진화하고 있지만 진정한 민주주의의 달성은 사회구성원 각자가 서로 사회적 지위가 동등하다는 사회적 평등을 믿고 실천할 때 이루어진다. Adler는 평등을 사회적 삶의 논리를 위한 근본적 선결조건으로서 인식하였다. 즉, 평등이 없다면 어떤 안정성 혹은 사회적 조화도 존재할 수 없다(Dreikurs, 1971, p. X). 우리 사회에서 민주적 진화가 모든 사람이 자신을 타인과 동등한 것으로 지각하고 사회적 관계를 맺게 이루어질 수 있도록 구성원들의 절실한 노력이 필요하다.

모든 인간은 존중받고 행복해질 권리를 갖고 태어났다. 상호존중 하는 사회에서만 개인은 행복한 삶을 영위할 수 있다. 현재 우리 사회는 개인이 안정되고 조화로운 행복한 삶을 살 수 있게 상대방을 존중하는 사회인가? 단연 그렇지 못하다고 본다. 우리 사회는 갈등과 반목이 만연하다. 즉, 우리는 지금 가정, 학교, 직장에서 구성원들 간의 사회적 갈등이 만연한 갈등의 시대에 살고 있다. 갈등은 힘의 마찰이다. 갈등은 일반적으로 힘 있는 자가 상대방이 힘이 없다고 보고 지배하고 복종시키려고 하면서 생기는 마찰에서 비롯된다.

개개인이 겪는 이러한 갈등을 해결하기 위해 '사회적 평등(social equality)'에 대한 자각과 실천이 필요하다. 갈등의 원천인 '사회적 불평등(social unequality)'을 해소하는 것은 쉽지 않은 과제이다. 하지만 우리가 조화롭고 행복한 삶을 달성하기 위해 해결해야 할 이 시대의 과제이다. 사회적 평등은 '모든 인간의 사회적 지위가 동등하다.'는 것을 의미한다. 즉, 사회적 평등은 개인이 삶을 실천하는 자유인으로서 누구도 그리고 어떤 힘에 의해서도 박탈할 수 없는 타인과 동등한 사회적 지위를 가진다는 것이다.

인간은 사회적 존재로 사회의 일원이다. 사회적 존재로서 개인이 갖는 사회적 관심(social interest), 타인에 대한 기여의 정도에 따라 그의 정신적 건강상태를 파악할 수 있다. 즉, 사회적 관심이 높은 사람은 정신적으로 건강하지만 사회적 관심이 낮은 자기관심(self interest)에 집중해서 생활하는 사람은 정신적으로 건강하지 않다. 개인의 정신건강의 정도를 평가하는 준거로서 이렇게 중요한 사회적 관심을 갖게 하는 선행요인이 사회적 평등(social equality)이다. 민주주의 사회에서 만약 개인이 모든 타인과 인간

존엄과 가치에 있어 동등하다는 것을 알거나 느끼지 못한다면 자신 혹은 타인과 함께 평화롭게 살 수 없다(Dreikurs, 1971, p. 153). 사회 내에서 협동은 기본원리이다. 협동 없이 구성원 간의 밀접한 삶은 전혀 가능하지 않다. 그리고 개인의 안정적 사회적 관계는 단지 사회적 평등의 관계에 근거한다(Dreikurs, 1971, pp. 156-158).

인간이 인류역사를 통해 만들어 낸 이상적인 정치체제가 민주주의이다. 민주적 사회의 핵심적 전제는 사회적 존재로서 모든 인간이 사회적 평등을 가진다는 점이다. 사회적 평등은 상호존중의 선행요건이다. 사회적 평등에 근거한 상호존중은 개인이 타인과 안정되고 조화로운 사회적 관계를 유지하게 한다. 사회적 평등은 개인이 타인과 맺는 모든 사회적 관계에서 상대방을 자기보다 열등하거나 우월하다고 지각하지 않고 동등하다고 보는 것이다.

반면, 사회적 불평등은 개인이 타인과 맺는 사회적 관계가 동등하지 않다고 지각하는 것이다. 사회적 불평등은 사람들이 겪는 대인관계 갈등의 원천으로 작동한다. 개인의 많은 문제의 원천은 사회적으로 평등한 존재로서 존중받지 못한 데서 기인한다. 개인이 어떤 요인에 의해서건 자신이 누군가로부터 사회적 불평등을 받고 있다고 지각할 경우에 심리적 상처를 받게 된다. 우리 사회에 아동학대, 가정폭력, 학교폭력, 직장폭력 등이 만연하다. 이러한 폭력은 가해자들이 사회적 평등에 대한 인식이 부족해서 사회적으로 평등한 존재로서 피해자들의 존중받을 권리를 침해한 데서 비롯된다.

개인이 신바람 나게 사는 사회는 격려하는 사회이다. 상담자들은 내담자의 조력뿐만 아니라 격려하는 사회를 만들기 위해 스스로 격려를 생활화하는 것이 요구된다. 삶의 터전인 가정, 학교, 직장에서 구성원이 행복한 생활을 위해 칭찬이나 처벌보다 격려가 필요하다. 개인의 행복한 삶을 위해 비교와 경쟁보다 기여와 협력이 요구된다. 행복한 삶을 위해 사회적 존재로서 개인이 단순히 있는 그대로 자신과 타인의 실존을 수용하는 것이 요구된다. 상호존중을 위해 정말 필요한 것은 '나는 있는 그대로 충분히 훌륭하다(I am good enough as I am).'는 자기격려와 '당신도 있는 그대로 충분히 훌륭하다(You are good enough as you are).'는 타인격려를 실천하는 것이다.

3. 삼 · 삼 · 칠 격려박수치료를 통한 개인심리학의 이해

우리는 행복한 삶을 위해 성공하기를 원한다. 당신이 삼 · 삼 · 칠 격려박수를 치며 성공의 의미에 대한 명상을 하면서 생활하면 행복해질 수 있다. CNN을 통해 방영됐던 것처럼 실제로 미국의 맨해튼에 있는 중앙공원(Central Park)에서 박수치료(clapping therapy)를 하면서 건강을 챙기며 생활하는 사람들이 있다. 당신도 정말 박수를 치면서 발생되는 에너지가 양손에서 온몸에 전달되는 활기를 느끼면서 건강하게 생활할 수 있다. 당신이 지금 박수를 치면서 파급된 에너지가 온몸에서 느껴지는 경험을 시도해 보면 쉽게 확인할 수 있다. 정말 건강을 잃으면 모든 것을 잃는다. 당신이 건강을 유지해야 추구하는 성공을 달성할 수 있다. 한국 사람들이 흔히 운동 경기장이나 행사장에서 선수들이나 수고하는 사람들을 격려하기 위해 많이 치는 박수가 삼 · 삼 · 칠 박수이다.

이 부분의 제목인 '성공을 위한 삼 · 삼 · 칠 격려박수치료'는 Adler가 개발한 개인심리학에서 강조하는 성공 추구의 의미를 보다 쉽게 이해할 수 있도록 삼 · 삼 · 칠 박수와 결합해서 붙여졌다. Adler는 사람들이 사회적 평등의 태도로 상호존중하는 민주적 사회를 강조하고 몸소 실천한 시대를 앞서간 실증적 이상주의자였다. 더불어 그는 상대주의자로서 저마다 다른 개인적 특성을 가진 구성원들이 서로 격려하고 공감하면서 생활하는 행복한 가정, 학교, 직장이 되길 갈망하였다. 성공을 위해서 스스로 자기격려를 통해 자신에게 용기를 불어넣으면서 삶의 도전에 맞서 생활하는 것이 필요하다. 더불어 스스로 사회적 관심을 가지고 타인격려를 통해 실의에 빠져 있는 주변 사람들이 일어서 나아갈 수 있도록 그들에게 용기를 불어넣도록 노력해야 한다. 왜냐하면 우리는 타인을 배려하고 타인과 함께 인생의 희로애락을 느끼면서 생활할 때만 진정으로 성공적인 삶을 살 수 있기 때문이다.

삼 · 삼 · 칠 격려박수치료

인생과제(3): 일과 직업, 사랑과 결혼, 대인관계(우정)

인생문제(3): 용기의 결여, 상식의 결여, 사회적 관심의 결여

성공(7): 자기완성(우월성) 추구, 자기이해, 자신감, 용기, 격려, 사회적 관심, 사회적 평등

3 · 3 · 7 Encouragement Clapping Therapy

Life Task(3): Work & Occupation, Love & Marriage, Society(friendship)

Life Problem(3): Lack of Courage, Lack of Common Sense, Lack of Social Interest.

SUCCESS(7): Striving for superiority, Understanding oneself, Confidence, Courage, Encouragement, Social interest, Social equality

삼 · 삼 · 칠 격려박수의 처음 삼 박수는 세 가지 인생과제를 의미한다. Adler는 사람들이 생애를 통해 달성해야 할 세 가지 인생과제로서 일과 직업, 사랑과 결혼, 대인관계(우정)를 제안하였다.

삼 · 삼 · 칠 박수의 뒤따른 삼 박수는 세 가지 인생문제를 의미한다. Adler는 문제를 가진 사람들의 세 가지 특성이 용기의 결여, 상식의 결여, 사회적 관심의 결여라고 주장하였다.

삼 · 삼 · 칠 박수의 마지막 칠 박수는 성공이란 영어 단어 SUCCESS를 머리글자로 구성해서 만든 성공에 필요한 일곱 가지 비결인 자기완성(우월성) 추구, 자기이해, 자신감, 용기, 격려, 사회적 관심, 사회적 평등을 의미한다.

SUCCESS

Striving for superiority: 자기완성 추구

Understanding oneself: 자기이해

Confidence: 자신감

Courage: 용기

Encouragement: 격려

Social interest: 사회적 관심

Social equality: 사회적 평등

1) 성공을 위한 긍정적 자기훈육의 원리

삶의 과정에서 우리는 모두 배워 가는 학생이다. 훈육(discipline)이라는 말은 학생(disciple)에서 파생된 말로 학생이 스스로 자기관리를 잘 하도록 지도하는 것을 말한다. 성공을 위해 당신이 학생으로서 다음과 같은 긍정적 자기훈육의 원리를 실천하면서 생활하는 것이 필요하다.

- 목표를 설정하고 달성을 위해 노력하라.
- 자기이해를 통해 자신의 우월성을 확인하라.
- 자신감을 가지고 살아라.
- 용기를 잃지 말고 도전하라.
- 격려하면서 생활하라. 특히 실수나 실패했을 때 격려하라.
- 타인과 협동하고 기여하면서 성공을 추구하라.

- 사회적 평등에 대한 확고한 신념을 가지고 상호존중하면서 생활하라.

이러한 일곱 가지 긍정적 자기훈육의 원리를 지키면서 생활하면 성공할 수 있다. 이러한 사실을 분명히 알 수 있는 것은 실패한 사람들의 특징을 살펴보면 알 수 있다. 실패는 성공의 결여이다. 즉, 실패한 사람은 앞에서 설명한 긍정적 자기훈육의 원리를 거슬러서 생활한다. 실패한 사람의 주요한 특징은 다음과 같다.

- 달성하고자 하는 목표가 없이 방황한다.
- 자기이해의 결여로 열등감이나 우월감 콤플렉스에 쉽게 빠진다.
- 자신감의 결여로 삶의 요구에 도전하지 못한다.
- 용기의 결여인 두려움으로 머뭇거리며 행동하지 못한다.
- 격려의 반대인 낙담으로 실의에 빠져 생활한다.
- 애타심의 결여인 이기심을 가지고 비교와 경쟁하면서 생활한다.
- 사회적 불평등 태도에서 비롯된 사회적 열등감이나 우월감을 느끼며 생활한다.

2) 격려를 통한 긍정적 자기훈육

우리가 성공적인 삶을 살기 위해서 자타가 공인하는 성공한 사람의 특징이 무엇인지 파악하는 것이 필요하다. 역시 실패하지 않고 성공하기 위해서 실패한 사람의 특성을 아는 것도 요구된다. 더불어 우리가 원하지 않지만 일어나는 실패의 의미도 정확히 이해하는 것이 필요하다. 실패는 성공의 어머니이다.

궁정적 자기훈육은 자기격려하면서 낙담하지 않고 사는 것이다. 격려는 우리가 성공 추구를 하면서 겪는 실수나 실패의 아픔을 딛고 일어서 나아가게 하는 내적 동기를 촉발시킨다. 격려하고, 격려하고, 또 격려하라. 그러면 당신은 성공적인 삶을 영위할 수 있다. 성공한 사람의 주요한 특징은 끊임없이 자기격려를 하면서 생활하는 사람이다. 자기격려를 잘 하는 사람이 역시 타인을 잘 격려할 수 있다. 격려는 말 그대로 용기를 촉진시키는 것이다. 당신이 할 수 있는 최상의 자기격려는 불완전한 존재로서 있는 그대로 자신을 수용하고 사랑하는 것이다. 역시 최상의 타인격려도 있는 그대로 상대방을 수용하고 사랑하는 것이다. 당신이 자기격려를 하면 자신감과 책임감이 향상된다. 다음과 같은 아들러 학파 구호를 외치거나 가슴에 되새기고 자기격려하면서 생활하자.

나는 있는 그대로 나로서 참 훌륭하다.
그리고 당신도 있는 그대로 당신으로서 참 훌륭하다.
자기격려는 우리에게 자신감과 책임감을 갖도록 충천시켜 준다.
따라서 나는 그것을 할 수 있다. 그것은 나의 책임이다.

격려는 용기를 갖고 행동하게 하는 삶의 촉진제이다. 격려는 난관을 극복하고 나아가게 하며 우리를 유혹하는 것들을 물리치고 나아가게 갈 원동력인 용기를 불어넣는 것이다. Krautz가 지적한 것처럼 '삶의 시련과 유혹을 인내할 용기가 없는 사람은 정말 환자가 된다.'는 것을 명심하면서 생활하자. 노자가 지적한 것처럼 '당신이 누군가에 의해 정말로 사랑을 받는 것은 당신에게 힘을 주고, 반면에 당신이 누군가를 정말 사랑하면 당신에게 용기를 준다'.

당신이 설정한 목표를 달성하기 위해 당신의 열등감과 우월성을 정확히 알아야 한다. 그래야 당신이 약점이나 부족함에서 비롯된 열등감을 극복할 수 있고 강점이나 자질인 우월성을 신장시킬 수 있다. 용기 중에 물리칠 수 없는 용기가 불완전할 용기이다. 불완전할 용기는 당신이 있는 그대로 자신을 수용하고 사랑할 용기이다. 당신이 다음과 같은 아들러 학파 선언에 따라 생활하면 지금보다 훨씬 성공적인 삶을 영위할 수 있다.

> 우리는 우리의 열등감을 수용하고 극복할 수 있다.
>
> 우리는 우리의 우월성, 즉 자기완성을 추구하고 있다.
>
> 우리는 있는 그대로의 우리가 되기 위해 '불완전할 용기'를 실현하고 있다.
>
> 어떤 것도 자신감과 책임감에 대한 우리의 결심을 막을 수 없다.

우리 각자에게는 삶을 통해 달성하고자 하는 목적이 있다. 우리의 목적을 이루기 위해 우리에게는 실존할 용기가 필요하다. 당신이 다음과 같은 '격려기도문'을 되새기면서 불완전할 용기를 가지고 꿋꿋하게 행동할 때, 당신의 지식과 경험의 식견을 확장할 지혜를 터득하게 되리라 본다.

> 신이여 저에게 저의 내적 불안을 참아 낼 침착함을,
> 불완전할 용기를,
> 용서하고 사랑할 용기를,
> 그리고 저의 지식과 경험의 식견을 확장할 지혜를 주소서.

3) 칭찬하지 말고 격려하기

가정에서 부모가 자녀에게 그리고 학교에서 교사가 학생에게 줄 수 있는 긍정적 훈육의 핵심은 격려이다. 한국의 대부분의 부모들은 대체로 자녀의 성공을 자신의 성공과 동일시한다. 그래서 예나 지금이나 부모들은 자식농사를 잘 짓는 방법에 관심이 많다. 당신이 자식농사를 정말 잘 짓기를 원한다면 지금부터 칭찬하지 말고 격려하기를 실천해야 한다.

지난 20세기에 득세했던 행동주의의 대표적인 심리학자인 Skinner는 행동변화를 위한 강화와 처벌의 원리를 제안하였다. 강화와 처벌의 원리는 쉽게 말하면 당근과 채찍의 원리다. 아무튼 한국 사회에서 그가 강조한 강화와 처벌에 근거한 행동수정의 방법이 현재에도 광범위하게 적용되고 있다. 그러한 주요한 예가 대

한민국 정부주도로 진행되고 있는 성과급제이다. 역시 많은 부모들은 '칭찬(강화)하니까 우리 아이가 달라졌다.'고 믿고 칭찬의 중요성을 강조하고 있다. 더불어 초등학교에서 적지 않는 교사들은 강화의 원리에 근거한 '스티커 주기'를 통한 방법을 적용해서 학생들을 비교하고 경쟁시키고 있는 실정이다.

Skinner가 동물실험을 통해 개발한 강화와 처벌에 근거해서 본다면 '칭찬은 고래를 춤추게 한다.'거나 '칭찬은 아기고래도 춤추게 한다.'는 말은 맞는 이야기이다. 하지만 '칭찬은 사람을 춤추게 한다.'는 말은 맞지 않는 말이다. 그래서 다음과 같이 말할 수 있다. '칭찬은 고래를 춤추게 하지만 격려는 사람을 춤추게 한다.'

적지 않는 사람들이 TV를 통해 인간의 행동변화에 칭찬의 중요성을 강조하고 칭찬의 효과를 주장하는 이유를 정확히 이해하는 것이 필요하다.

행동변화에 분명히 강화는 처벌보다 더 효과적이다. 다시 말하면, 칭찬은 비난하기, 꾸짖기, 신체적 체벌과 같은 처벌보다 인간의 행동변화에 분명히 더 효과적이다. 더 쉽게 말하면, 당근이 채찍보다 효과적이다. 이러한 논리적 결과에 비추어서 유추해 보면 "칭찬하니까 우리 아이가 달라졌어요."라고 말하는 부모는 거의 칭찬하지 않고 비난이나 꾸짖는 의사소통을 해 왔거나 현재에도 하고 있다고 볼 수 있다. 즉, 칭찬은 당근과 채찍의 원리를 적용한 것이기 때문에 이러한 원리가 가진 문제들을 모두 가지고 있다고 볼 수 있다. 상담자나 교사가 "가능하면 아이에게 칭찬을 많이 해 주세요."라는 요청에 어떤 부모는 이렇게 반문한다. "아이를 칭찬해 주라고 하는데 칭찬할 짓을 한 것이 없는데 어떻게 칭찬을 하느냐."고 말한다. 정말 그렇다. 실수나 실패로 좌절에 빠져 낙담되어 있는 사람들이나 부적절한 행동을 하는 사람에게 칭찬을 할 수는 없다. 낙담된 사람들에게 정말 필요한 것이 격려이다.

적지 않는 사람들이 격려와 칭찬을 같은 것으로 생각하거나 뭔가 약간 다르다는 뉘앙스를 가지고 있지만 정확한 구별을 하지 못하는 것 같다. 격려는 칭찬과 정말 다르다. 그리고 우리에게 필요한 것은 칭찬이 아니라 격려이다. 제2의 Adler라 호칭되는 Dreikurs는 인간에게 격려의 중요성을 다음과 같이 표현하였다. '식물에게 물과 태양이 필요하듯 인간에게 격려가 필요하다.' 이런 점에서 정말 당신이 사랑하는 자녀, 아내나 남편, 친구나 직장 동료에게 칭찬하지 말고 격려하는 것이 요구된다.

칭찬과 격려가 어떻게 다른 지 핵심적인 몇 가지 점만 설명하면 다음과 같다. 첫째, 칭찬의 초점은 행동의 결과이다. 즉, 칭찬은 칭찬을 해 주는 사람의 기대에 부합한 행동을 했을 때 주어진다. 반면, 격려의 초점은 행동의 결과가 아닌 시도한 노력, 행동 그 자체이다. 둘째, 우리는 실수나 실패로 낙담된 사람에게 칭찬을 하지 않는다. 반면, 낙담되어 실의에 빠져 있는 사람에게 정말 필요한 것은 격려이다. 셋째, 칭찬은 비교와 경쟁을 통해 얻는 결과인 외적 동기에 맞춰서 제공되며 계속해서 좋은 결과를 얻지 못할 경우에는 낙담을 초래한다. 반면, 격려는 인간에게 필요한 내적 동기에 맞춰 제공되며 협동과 기여로 이끈다.

4) 성공을 위한 진정한 변화의 원리

우리는 실패보다 성공을 원한다. 성공을 추구하고 실패를 원하지 않는다. 우리가 성공하고 실패하지 않기 위해 실패의 원인을 파악하는 것이 필요하다. 그래서 실패는 성공의 어머니라고 한다. 다른 말로 실패 없이 성공은 없다는 것을 의미한다. 실패와 성공은 동전의 양면으로 성공을 위해 자신의 실패를 이해하는 것이 필요하다. 우리는 시행착오를 통해 배운다. 실패할까 두려워서 시행도 못하면 배우지 못한다.

우리가 잘 아는 '오래된 습관을 없애기가 정말 힘들다(Old habits die hard).'는 속담이나 '세 살 버릇 여든 살까지 간다.'는 말처럼 우리가 형성했던 오래된 습관을 바꾸는 것은 정말 쉽지 않다. 하지만 성공을 위해 우리를 실패하게 하는 나쁜 습관을 바꾸지 않으면 안 된다. 다시 말하면, 실패를 초래하는 나쁜 습관을 좋은 습관으로 바꾸어서 성공으로 이끄는 게 필요하다.

필자의 삶의 경험과 상담자로서 상담경험을 바탕으로 성공을 위한 진정한 변화의 원리로 발견한 두 가지는 '지식과 경험의 확장' '격려와 역설을 적용한 이차원적 변화'이다. 성공적인 삶을 위해 이 두 가지에 대해 살펴보자.

(1) 변화의 원리 1: 지식과 경험의 확장

우리가 가진 많은 문제는 단순히 우리의 지식과 경험을 확장함으로써 해결될 수 있다. 우리 각자가 세상을 살아가는 데 있어 적용하는 방식은 자신이 가진 지식이나 경험을 뛰어넘을 수 없다. 우리가 배우고 확장할 지식과 경험은 끝이 없다. 적지 않는 사람들이 편견이나 고정관념에 사로잡혀 타인과 화합하지 못하거나 시대에 부합하지 않는 부적절한 방식으로 생활하고 있다. 그래서 자기만의 세계에 갇혀서 사는 사람이나 편협한 관점이나 식견이 낮은 사람을 향해 우리는 흔히 '우물 안 개구리가 되지 말아라.'고 말한다.

(2) 변화의 원리 2: 격려와 역설을 적용한 이차원적 변화

실패는 성공의 결여이다. 낙담은 격려의 결여이다. 거듭된 실패로 자신감을 잃고 낙담되어 실의에 빠져 있는 사람은 삶의 의미 추구를 포기하고 방황하며 지낸다. 이런 사람들에게 격려와 역설을 통한 이차원적 변화가 일어나도록 하는 게 필요하다. 즉, 끊임없는 격려를 통해 낙담에서 벗어나도록 하고 더 나아가 역설을 적용하여 실패로 인한 열등감 콤플렉스에서 벗어나 성공 추구에 맞춰 생활하도록 조력하는 것이 필요하다.

우리가 가진 문제를 해결하기 위해서 필요한 것은 정확히 문제가 무엇인지 파악하여 직면하는 것이다. 자신의 심리적 문제를 해결하지 못한 많은 사람들은 일반적으로 문제에 직면하지 못하고 회피하거나 도피한다. 우리가 가진 문제를 해결하기 위해 문제해결의 주체인 우리 자신의 변화가 필요하다. 우리가 문제해결을 위해 사용하는 두 종류의 변화가 있다. 그것은 일차원적 변화와 이차원적 변화이다. 일차원적 변화는 같은 차원에 머무르면서 정도

만의 변화가 일어나는 것을 말한다. 예를 들면, 담배를 피우는 사람이 담배를 피우면서 담배 피는 횟수를 줄이는 것이다. 반면, 이차원적 변화는 다른 차원으로의 변화를 말한다. 담배를 피우는 사람이 담배를 끊고 완전히 피우지 않는 것이다. 당신의 문제가 나쁜 습관에서 비롯되었다면 문제해결을 위한 진정한 변화는 나쁜 습관을 완전히 중단하거나 좋은 습관으로 바꾸는 것이다. 예를 들면, 실패정체감을 가진 사람이 자신의 실패정체감을 성공정체감으로 바꾸는 것이다.

많은 상담자는 내담자의 문제해결을 위해 이러한 이차원적 변화에 해당하는 진정한 변화를 야기하기 위해 역설을 적용한다. 상담이나 심리치료에서 처음으로 Adler가 사용했던 증상처방이나 역제의가 역설을 적용한 것이다. 예를 들면, 발표불안이 심해서 어려움을 겪고 있는 내담자에게 발표불안을 처방하는 것이 증상처방이다. 상담자가 내담자와 상담관계를 잘 형성한 후 먼저 내담자에게 발표불안을 해결할 수 있다는 확신을 심어 준다. 그런 다음에 상담자가 내담자에게 "당신의 발표불안을 해결하기 위해서 발표상황에서 불안이 어떻게 나타나는지 구체적으로 확인해 오세요."라고 증상처방을 한다. 내담자가 그에게 주어진 증상처방을 수행한다면 그동안 회피나 도피만 해 왔던 습관에서 벗어나 발표를 해야 하기 때문에 딜레마에 빠지게 된다. 아무튼 내담자가 직면해서 증상처방을 수행하면 절반 정도의 문제가 해결됐다고 말할 수 있다. 변화를 위한 역설적 기법은 내담자가 의도하거나 원하는 것에 반하는 행동을 하도록 제안, 즉 역제의(anti-suggestion)

를 해서 내담자를 더욱 궁지에 빠지게 해 혼돈을 경험하게 한다. 물리학의 카오스이론에서 입증된 것처럼 혼돈 후에 안정된 질서와 평화가 찾아온다. 좀 더 쉽게 이해하기 위해 불면증 환자를 예로 들어 보자. 불면증 환자는 자나 깨나 잠자기를 원한다. 자고 싶어도 잠을 못 이루는 불면증 환자의 기대에 반해서 절대 잠자지 말도록 제안하는 것이 역제의이다.

거듭된 실패로 낙담되어 있는 사람에게 일차적으로 필요한 것은 격려이다. 다음으로 필요한 것은 그가 형성한 실패 습관을 성공 습관으로 바꾸도록 하는 것이다. 지적한 것처럼 개인이 형성해 온 오래된 습관을 바꾸는 것이 용이하지는 않다. 하지만 성공을 위해 실패 습관을 성공 습관으로 변화하도록 문제에 직면을 통한 이차원적 변화인 역설적 방법을 적용하는 것이 필요하다.

당신의 성공을 위해 일곱 가지 성공의 비결을 바탕으로 성공한 사람과 실패한 사람을 비교해서 차이점을 살펴보자.

실패는 성공의 결여이다.

성공한 사람은 나름대로 설정한 목표에 도달하기 위해 우월성 추구를 위해 노력한다.

실패한 사람은 자신의 열등감에 사로잡혀 열등감 콤플렉스에 빠질 수 있다.

자기오해는 자기이해의 결여이다.

성공한 사람은 철저한 자신의 강점이나 약점을 파악하여 생산적인 삶을 영위한다.

실패한 사람은 자신의 자질을 개발하지 못하거나 열등감을 적절하게 보상하지 못한다.

자신감 없음은 자신감의 결여이다.

성공한 사람은 자신에 대한 믿음을 바탕으로 자신감을 가지고 삶의 요구에 도전한다.

실패한 사람은 자신에 대한 불신으로 매사에 자신감 없이 생활한다.

두려움은 용기의 결여이다.

성공한 사람은 불완전할 용기로 실패로 인한 좌절에 빠지지 않고 삶의 도전에 맞서 행동한다.

실패한 사람은 두려움으로 삶의 요구에 맞서지 못하고 회피하거나 도피한다.

낙담은 격려의 결여이다.

성공한 사람은 불완전한 존재로서 실수나 실패했을 때도 자기 격려로 침체에 빠지지 않는다.

실패한 사람은 비교와 경쟁으로 인해 실수나 실패했을 때 낙담되어 실의에 빠져 생활한다.

자기관심은 사회적 관심의 결여이다.

성공한 사람은 집단에 대한 소속감을 가지고 타인과 협동하고 사회에 기여하면서 생활한다.

실패한 사람은 자신에 대한 이익을 위해 매진하며 타인과 비교와 경쟁하면서 많은 스트레스를 경험하면서 생활한다.

사회적 불평등은 사회적 평등의 결여이다.

성공한 사람은 사회적 평등에 대한 확고한 신념을 바탕으로 상호존중하며 생활한다.

실패한 사람은 사회적 불평등 태도로 힘에 의한 지배와 복종에 따른 많은 갈등이나 사회적 열등감이나 사회적 우월감을 느끼며 생활한다.

요약하면, 실패한 사람은 열등감, 자기오해, 자신감의 결여, 두려움, 낙담, 자기관심, 그리고 사회적 불평등에서 비롯된 사회적 열등감이나 사회적 우월성으로 생활한다는 것을 알 수 있다. 따라서 당신의 성공적인 삶을 위해 성공의 일곱 가지 비결인 자기완성 추구, 충분한 자기이해, 자신감, 용기, 격려, 사회적 관심, 그리고 사회적 평등에서 비롯된 상호존중의 태도로 생활하는 것이 필요하다.

3장
아들러 상담의 목표와 과정

사회적 관심은 상대방의 눈으로 보고, 상대방의 귀로 듣고,
그리고 상대방의 마음으로 느끼는 것을 의미한다.

- Alfred Adler

많은 문화에서 타인과 만나고 헤어질 때 안녕의 메시지를 전달하는 인사말을 한다. 한국 사람들은 "안녕하세요!" "안녕히 가세요!"라고 인사한다. 서구의 사람들은 보통 히브리어인 "살롬(Salom)!"이라고 말한다. 살롬은 역사적으로 평화와 '완전성'이라는 개인적 소망 혹은 타인에 대한 전체적 감각을 표현하기 위해 만나고 헤어질 때의 하는 인사말로서 평화와 건강의 의미를 담고 있다(Sweeney, 2005).

아들러 개인심리학에서는 건강(wellness)의 개념을 인생의 중요한 과제를 수행하는 과정에서 내적 조화와 균형, 전체지향성과 관련하여 설명하고 있다. 아들러 개인심리학 상담의 전체론적 관점에서 건강의 진정한 의미는 단지 죽음이나 질병으로부터 해방만이 아니라 삶에 만족감을 느끼고 생을 즐기는 것을 포함한다. 즉, 안녕이란 인간과 자연공동체 안에서 더욱 충만하게 살기 위하여

정신, 신체, 영혼이 개인에 의해 통합되는 최적의 건강과 편안함을 지향하는 삶의 방식이라고 말할 수 있다. 이 장에서는 아들러 개인심리학에서 건강의 의미와 관련한 상담의 목표와 과정에 대하여 살펴볼 것이다.

1. 상담의 목표

아들러 개인심리학 상담에서는 내담자를 정서적으로 병든 사람으로 보지 않고 낙담한 사람으로 본다. 낙담한 사람은 변화할 수 없다기보다 변화하고 싶은 동기가 결여되어 있는 사람이다. 낙담한 사람은 자존감이 낮고 용기가 결여되어 있으며 사회적 관심이 부족하고 바람직하지 않은 생활양식을 가지고 자기패배적 행동을 하며 삶의 과제로부터 철회한다(노안영, 강만철, 오익수, 김광운, 정민, 2011).

Mosak(1989)과 Dreikurs(1967)는 상담의 치료적 목표로 격려를 통한 자존감의 향상과 열등감 해소, 잘못된 동기를 바꿈으로써 바람직한 생활양식으로의 수정, 사회적 관심을 기름으로써 공동체 정신의 함양에 두고 있다. 여기서는 상담의 목표로 전통적으로 개인심리학 상담에서 강조하는 자존감 향상, 열등감 해소, 생활양식의 수정, 공동체 정신의 함양으로 요약하여 설명하고자 한다.

1) 자존감 향상

낙담한 사람은 낮은 자기존중감을 가지고 있다. 자기존중감 연구의 권위자인 Branden(1994)은 자기존중감은, ① 우리의 사고능력에 대한 확신, 삶의 기본적인 도전들에 대처할 수 있는 우리 능력에 대한 확신이며, ② 성공할 수 있고 행복할 수 있는 우리의 권리에 대한 확신, 가치감, 존경받을 가치가 있다는 느낌, 우리의 요구와 바람을 주장하고, 우리의 가치들을 성취하고, 우리의 노력의 결실을 즐길 수 있는 자격이라고 말한다(Sweeney, 2005). 그래서 자존감이 높은 사람은 용기를 가지고 있고, 이타행동을 많이 하며, 책임감이 높고 실패에도 덜 낙담하고, 실패를 통해서 배우며 높은 사회적 관심을 가지고 있다. 반면, 자존감이 낮은 사람은 책임감 있게 행동하지 않으며, 필요할 때 용기 있게 행동하지 않고 변명으로 상황을 일시적으로 모면하는 경향성을 가지고 있다. 또 실패할까 두려워 인생의 과업을 회피하고 이기적인 행동을 하며 낮은 사회적 관심을 가지고 있다.

아들러 개인심리학 상담에서는 주요한 행동변화를 이끌 수 있는 내적 · 외적 도구로 격려를 사용한다. 격려는 내담자에게 용기를 주고, 사회적 관심과 책임감을 높여 주며, 환경에 대한 통제력을 갖게 한다. 아들러 개인심리학 상담자는 격려를 통해서 내담자에게 자기에 대한 믿음을 갖도록 하며 의식적으로 살아 있음, 자기수용의 실천, 자기책임감의 실천, 목적 있는 삶의 실천 등 자기존중감의 향상에 기반한 행동의 변화를 자극한다. 아들러 상담은 격려를 통해서 내담자의 자산, 강점, 자원 그리고 잠재력에 초점을 맞춤으로써 궁극적으로는 내담자의 자존감을 향상시키는 것이다.

2) 열등감 해소

낙담한 사람들의 대표적인 정서는 열등감이다. 생애 초기에 형제간의 비교를 통해 한계들을 과장하거나 과잉보호적 양육환경에서 존경과 신뢰가 결여된 반응을 경험하게 되면, 낙담하게 되어 자신의 능력이 부족하다고 생각하거나 열등감을 갖게 된다(Sweeney, 2005).

격려는 타인에게 용기를 북돋아 주는 것으로 아들러의 개인심리학 상담의 중요한 도구이다. 아들러 개인심리학 상담은 격려를 통하여 낙담한 내담자의 이러한 과장된 열등감을 극복하도록 돕는다. 격려를 통해서 개인이 가지고 있는 자산, 강점, 자원 그리고 잠재력에 초점을 맞추고 개인에게 부정적으로 영향을 미치는 것들을 재구조화하며 자기와 타인 및 현실을 새롭게 지각하게 하고 자기의 생각, 감정 및 행동 간의 관계를 재인식함으로써 열등감을 극복하도록 돕는다(김광운, 오명자, 김미례 공역, 2009).

3) 생활양식의 수정

생활양식은 아들러 개인심리학 이론에서 중요한 개념 중의 하나로, 개인이 자신의 목표를 추구하기 위해서 선택하는 독특한 삶의 방식이다. 아들러 학파는 개인의 생활양식이 전생애를 통하여 개인의 활동수준을 촉진시키는 독특하고 무의식적이고 인지적인 '지도'라고 생각한다. 한 개인의 생활양식 속에는 자신과 타인에 대한 생각과 자신의 기대에 근거가 되는 세계에 대한 생각이 결합되어 있다. 이러한 생각들은 사람들이 세계에서 자신의 위치를 정립하는 방향과 움직임의 근원이 된다(Sweeney. 2005).

그러므로 생활양식은 각 개인의 행동 선택의 범주가 된다(Sweeney. 2005). 예를 들어, 약한 여성들을 위해 협력하고 봉사해야 한다는 생각을 갖고 있는 남성은 집에서 아내를 위해 가사를 돕는 데 노력을 아끼지 않을 것이다. 그러나 가부장적인 사고를 가지고 있는 남성은 집에서 가사를 돕는 일이 그가 할 일이 아니며 자신이 그 일을 하는 것이 부적절하다고 느낄 것이고 회피하게 될 것이다.

아들러 개인심리학 상담의 목표는 잘못된 생활양식과 관련하여 내담자가 수정하거나 극복해야 할 과제는, 우선 자신의 기본적 오류를 파악한 후 개인의 권력추구에 의거한 잘못된 목표를 발견하고 그것으로부터 유래된 잘못된 생활양식을 변화 또는 재구조화하도록 하는 것이다. 이때 사용하는 심층심리적 기법은 초기회상, 꿈, 가족구도의 분석 작업을 통해 내담자가 지닌 갈등을 작업하게 된다. 즉, 내담자의 역동성을 탐색하여 신념과 감정, 동기와 목표를 이해하게 된다(노안영 외, 2011, p. 28, 119).

이와 같은 재구조화 작업을 통해서 내담자는 추구할 목표를 명

료화하게 되고, 무의식적으로 잘못 선택하여 행한 행동을 의식화하여 잘못된 수단의 작용에 대해서 인식하게 된다. 또한 높아진 자기인식과 확대된 실제 경험의 기초 위에서 인간관계 형성과 환경과의 만남에 대한 새로운 시각을 발달시키고 구체적 환경 속에서 이를 확인하게 한다. 결국 이러한 작업과정을 통해 생활양식의 잘못 인식된 부분을 고치는 것이다.

4) 공동체 정신의 함양

Adler는 인간이 전체 사회의 일부분이 될 기본적 경향성, 소속감의 추구, 인류의 개선을 위한 더 큰 이익을 위해 기여할 의지를 가졌다고 믿었다. Adler는 이를 '공동사회지향성(Gemeinschaftsgefuhl)', 사회적 관심(social interest)이라고 불렀다. 이러한 경향성의 표현은 개개인이 자신의 입장을 형성하고 소속감을 느끼려는 노력에서 관찰된다. 아들러 개인심리학에서는 이러한 공동체 정신의 부족을 정신적으로 건강하지 않는 사람들의 전형적인 모습으로 본다. 그들은 사회적 관심이 낮아서 타인을 배려하거나 공감하지 못하고 자신의 이익만을 생각하며 살게 된다. 이들에게 공동체감을 일깨워 협동능력을 키워 주는 것이 아들러 개인심리학 상담과 교육의 주된 목적이다.

사회적 관심은 바로 정신건강의 척도이다. 모든 형태의 부적응과 비정상은 사회적 관심의 결여와 타인과 협동하지 못하는 데서 기인한다. 정신적으로 건강한 사람은 동일시 감정과 함께 깊은 동정신과 애정을 지니고 있다. 또 타인에 대한 수용성과 공감적 능력을 가지고 있다. 상담과정에서 상담자는 내담자의 주관적인 세계를 이해하여 내담자를 무조건 수용하고 공감적으로 이해함으로써 내담자의 문제해결과 성장에 도움을 주게 된다. 또 타인들과 협력하는 훈련과 교육을 통해서 사회적 관심을 개발하고 향상시키게 된다(김필진, 2007, p. 145).

아들러 개인심리학 상담의 목표는 내담자의 사회적 관심을 향상시킴으로써 자기패배적이고 무익한 행동을 사회적으로 기여하고 건설적이며 유용한 행동으로 전환시키는 데 있다. 공동체 정신은 자존감과 함께 우리가 정신적으로 건강한 생활을 하는 데 있어서 필수적인 요인이라고 할 수 있다.

2. 상담의 과정

아들러 개인심리학에서는 내담자를 정서적으로 아픈 사람이라기보다는 낙담한 사람이라고 본다. 그래서 개인심리학 상담은 내담자를 병든 존재나 치료받아야 할 존재로 보지 않고 격려를 통해 용기를 줌으로써 자존감을 회복시키고, 바람직한 방향으로 생활양식을 변화시키며, 사회적 상황에서 타인들과의 사회적 상호작용을 증가시켜 공동체적 유대감을 갖도록 재교육과 재정향을 목표로 한다.

아들러의 개인심리학에 근거하여 상담을 수행하는 상담자는 먼저 개인심리학의 이론과 기법에 대한 철저한 이해를 해야 한다. 특히 개인심리학 이론을 근거로 상담을 수행하려는 상담자들은 아들러 학파가 강조하는 격려를 잘 이해해야 하고 내담자에게 격려의 방법과 기법을 잘 적용하기 위해서 상담자 스스로 자기격려를 하면서 내담자에게 격려를 사용할 수 있어야 한다(노안영, 강만철, 오익수, 김광운, 정민, 2011).

아들러 개인심리학 상담은 각 상담단계에 상응하는 목표들을 기억할 필요가 있다.

첫째, 상담자는 내담자가 자기가 이해받고 있으며, 전적으로 수용되고 있음을 느끼도록 내담자와 공감적 관계를 형성해야 한다.

둘째, 상담자는 내담자가 그의 생활양식을 결정하는 동기나 목표는 물론 내담자의 신념과 정서를 이해하도록 돕는다.

셋째, 상담자는 내담자가 잘못된 목표와 자기패배적 사고나 행동을 자각하도록 돕는다.

넷째, 상담자는 내담자가 그의 문제행동이나 문제상황에 대한 대안책들을 고려하여 변화를 실행하도록 돕는다.

아들러 개인심리학 상담자가 수행하는 전형적인 상담과정은 Dreikurs(1967), Dinkmeyer와 Sperry(2000)가 제안한 네 가지 단계의 ① 상담관계 형성, ② 심리적 탐색: 평가와 분석, ③ 해석, ④ 재정향이다. 아들러 상담은 이론적으로 절충적이며 통합적이다(Carlson, Watts, & Maniacci, 2006). 아들러 상담은 여러 다른 접근으로부터 개입방법들을 선택하고 적용하는 데 상당한 유연성을 가지고 있지만 표준화와 객관화된 치료 매뉴얼을 갖고 있지 않으며, 경험적으로 연구되지 않았다. 최근에 개인심리학 상담의 현장에서는 증거기반 실천을 강조하는 경향이 있다. 아들러 패턴-초점치료(Sperry & Binensztok, 2018)는 증거기반 실천(Evidence-Based Practice)으로 경험적으로 지지된 치료의 준거 충족을 위해서 고안되었다. 여기서는 개인심리학 상담과정에 활발하게 적용되고 있는 아들러 패턴-초점치료(Sperry & Binensztok, 2018)을 소개하고 이를 토대로 개인심리학의 전형적인 상담과정을 설명하고자 한다.

1) 상담관계 형성

아들러 개인심리학 상담에서 상담자와 내담자는 동등한 관계이다. 상담자가 내담자와 동등하고 적절한 치료관계를 이루어 가기 위해서는 상담자는 내담자와 신뢰와 존경의 관계를 만들어야 한다. 상담자는 그의 경험과 지식을 다른 사람들을 돕는 데 적극적으로 사용하면서 동시에 독립적인 선택을 할 수 있도록 개인의 능력과 힘을 존중한다. 상담자는 내담자에 대하여 진솔하고 무조건적 관심을 보임으로써 내담자를 동등하고 친구와 같은 모습으로 대한다.

아들러 개인심리학은 내담자를 정서적으로 아픈 사람이라기보다 낙담한 사람으로 본다. 아들러 개인심리학에서는 낮은 사회적 관심을 자기확신과 자기존중감이 부족한 증거라고 믿는다. 낮은 사회적 관심의 행동적 증거는 계속되는 비난, 불평, 변명, 두려움, 무능력 등에서 찾아볼 수 있다. 만약 내담자가 이러한 것들 중 하나를 자신의 책임감 회피의 수단으로 사용하고 있다면, 상담자는 상담의 전 과정에서 격려를 중요하게 활용해야 할 것이다(Dreikurs, 1967). 격려는 상담의 전 과정에서 관계를 형성하고 유지하기 위한 핵심적 요소이다.

Sweeney(2005)는 상담 초기 혹은 상담의 전 과정에서 사용할 수 있는 일곱 가지 격려행동을 다음과 같이 제안하였다(노안영, 강만철, 오익수, 김광운, 송현종 공역, 2005).

- 수행을 잘 하는가보다 무엇을 하는지에 초점을 맞추라.
- 과거나 미래보다 현재에 초점을 두라. "이 일에 열정을 쏟는 것을 보니, 당신은 이 일을 참으로 즐기는군요."
- 행위자보다 행위에 초점을 두라. "나는 당신의 도움에 감사드립니다."
- 결과보다 과정에서의 노력을 강조한다. "서두르지 않고 참을성 있게 문제를 해결하는 것을 보니, 다음엔 더 잘 할 수 있겠구나."
- 외적 동기보다 내적 동기에 초점을 두라. "사진 찍기는 인생의 아름다운 순간을 포착하게 되고, 그때 그 짜릿함이 사진 찍기에 빠지게 만드는 것 같아."
- 학습이 안 된 것보다 현재 학습이 되고 있는 것에 초점을 두라.

• 할 수 없는 문제보다 할 수 있는 문제에 초점을 두라.

상담은 공통된 목표를 향한 협동 작업이다. 아들러 상담자는 상담자의 역할에 대한 내담자의 기대, 내담자가 상담을 통해 얻고자 하는 목표 등을 내담자와 합의한다. 아들러 상담자들은 상담과정에 적극적인 참여자가 되어야 하고 내담자가 현실적인 기대를 갖도록 주의를 기울인다. 아들러 상담자들은 내담자의 이익을 위해서 전문적인 지식과 기술을 사용할 것을 내담자에게 표명한다. 아울러 상담의 성공을 위해서 내담자에게도 상담과정에 적극적으로 참여하기를 요구한다. 그러므로 좋은 상담관계 형성은 상호존중, 협동, 합의된 목표를 달성하고자 하는 바람 등을 토대로 상담의 전 과정을 통하여 형성되고 유지되어야 한다.

2) 심리적 탐색: 평가와 분석

아들러 개인심리학 상담의 두 번째 단계는 심리적인 탐색이다. 이 과정에서 내담자 문제에 대한 평가(assessment)와 분석(analysis)이 이루어진다. 상담자는 내담자의 부적절한 생활양식에 영향을 준 요인들을 평가하고 분석한다. 내담자에 대한 평가 및 분석에 사용되는 전형적인 생활양식의 조사영역은 초기회상, 가족구도, 기본적 오류, 자질, 꿈의 내용 등이다. 이와 같은 영역을 조사하여 내담자의 역동성을 탐색하고 현재의 행동에 미치는 내담자의 신념, 감정, 동기들을 이해하고자 한다.

(1) 아들러 상담이론

전통적인 아들러 상담접근은 낙관적 관점을 가지며 자산, 강점 그리고 건강 등 긍정적인 측면에 초점을 맞춘다. 아들러 상담을 구성하는 본질적 요소들은 출생순위, 가족구도, 생활양식, 소속감, 사적 논리, 사회적 관심 그리고 초기회상 등이다. 삶에 대한 사적 논리 혹은 개인적인 이념은 한 개인의 경험으로부터 유래되고 그 개인의 개인적 관점 혹은 삶의 유형의 맥락에서 이해된다(Carlson et al., 2006). 이러한 삶의 스타일은 개인이 사건, 정서, 생각, 그리고 행동을 지각하는 필터가 되고, 적응적이거나 부적응적일 수 있는 자기지속적 패턴으로 이끈다. 개인의 패턴이 갖는 부적응적 특성은 그 개인이 경험하고 있는 격려와 사회적 관심의 수준을 반영한다. 아들러 상담자들은 내담자의 현재 문제를 이해하는 데 있어서 사회적 관심 혹은 공동체 감정의 양을 고려한다(Carlson et al., 2006).

① 가족구도

가족구도는 개인의 다른 가족구성원과의 관계와 가족구성원들의 서로 간의 관계에 대한 정보를 포함한다. 그것은 출생순서(생물학적 그리고 심리학적), 가족의 가치들, 그리고 내담자가 그들의 가족 내에서의 소속의 의미를 찾는 방식을 포함한다.

② 초기회상

초기회상은 내담자의 자기관과 타인관, 세계관 그리고 타인들과 삶의 도전을 다루는 전반적인 전략을 결정하는 데 사용하는 투사기법이다. 초기회상은 또한 내담자가 삶의 과제를 대하는 자세와 생활양식의 확신뿐만 아니라 사회적 관심의 수준을 반영한다.

③ 생활양식 삼단논법

생활양식의 삼단논법은 본질적으로 두 가지 전제 혹은 확신, 즉 자기와 타인에 대한 도식으로부터 나온 결론을 추리하는 형식이다. "도식적으로, 생활양식은 삼단논법으로 볼 수 있다. 즉, 1. '나는 ~이다.' 2. '삶은 ~이다.' 3. '그러므로 …'이다."(Manaster & Corsini, 1982). '그러므로'의 진술은 아들러 패턴-초점치료에서 패턴이라고 하는 삶의 전략을 표현한다.

④ 발달에 대한 관점

개인의 심리적 발달과 행복은 대개 가족구도와 개인의 생물학적 출생순서에 의해 영향을 받는다. 개인들은 그들의 특별한 주관적, 사적 논리로부터 근거하여 그들의 생활 사건들을 해석한다. 이러한 해석들은 그들의 자기관, 세계관 그리고 생활 전략에 대한 그들의 생활양식의 삼단논법과 도식들을 형성하도록 돕는다.

⑤ 정신병리에 대한 관점

정신병리는 한 개인이 '삶의 과제'(즉, 개인의 책임감)에서의 실패와 자존감을 보호하지 못한 것에 대한 변명으로 작용하는 증상들을 '배열'하는 방식이라고 본다. 일상생활의 문제들은 집단이나 지역사회에서 소속감을 경험하지 못하고 건강하지 않은 소속의 방식을 채택하거나 낙담을 경험하는 것에 기인한다. 정신병리는 심각한 낙담을 반영하고 개인의 잘못된 생활양식의 확신 혹은 사회적 관심에 반하여 작용하는 기본적 실수에서 드러난다.

⑥ 치료에 대한 관점

아들러 상담의 첫째 목표는 낙담을 야기하는 요인들을 감소시키고 사회적 관심을 증가시키는 것이다. 치료적 관계는 상호존중과 평등으로 특징지어진다. 내담자와 치료자는 내담자가 변화과정에서 적극적 역할을 할 것으로 기대한다는 점에서 치료적 노력에 있어서 상호협력적 동반자이다.

(2) 아들러 상담의 실천

아들러 상담은 진단에 필수적 정보를 추가하고 치료적 개입을 촉진하는 관련성 있는 아들러 상담요소들을 강조하는 평가적 접근에 근거를 둔다. 평가는 현재 상황과 선행요인인 생활양식의 분석에 초점을 맞춘다. 이러한 평가는 내담자 가족의 가족구도에 대한 정보, 초기회상과 같은 초기 발달 경험에 대한 정보수집을 포함한다. 이러한 정보는 개인의 독특한 생활양식에 대한 확신을 얻도록 상담자들에게 도움을 준다. Adler는 또한 모든 개인이 성취하려고 애쓰는 세 가지 인생과제, 즉 사랑, 우정, 그리고 일을 주장한다. 평가는 내담자가 이러한 인생과제를 성공적으로든 혹은 실패한 것으로든 획득한 정도에 초점을 맞춘다. 내담자의 생활양식을 이해하는 것은 상담자에게 내담자들이 그들의 기본적 신념과 지각이 그들의 생활양식과 행위에 어떻게 영향을 주는지를 더 잘 이해하도록 도와준다.

내담자를 평가할 수 있는 기본적인 구성요소들은 가족구도와 초기회상이다. 이러한 자료로부터 나온 추론이 나중에 아들러 상담 사례개념화로 구성된다.

① 가족구도 평가

다음 질문들이 가족구도를 이끌어 내는 데 유용하다.

- 당신의 집에서 성장하게 한 요인은 무엇이었습니까?
- 당신의 가족에서 나이가 가장 많은(가장 어린, 중간, 독자) 아이가 된다는 것은 무슨 의미입니까?
- 당신의 부모와 당신의 관계를 기술하시오. 당신은 부모님 중 누구를 더 좋아합니까? 당신의 형제자매 중 당신의 어머니가 좋아하는 사람은 누구입니까? 당신의 아버지는?
- 당신 부모님들 간의 관계를 기술하시오. 중요한 결정은 누가 내립니까? 그들은 문제들을 어떻게 해결했습니까? 그들은 갈등을 어떻게 다루었습니까? 그들은 개방적으로 애정을 표현했습니까? 집안의 기둥은 누구였습니까? 주 훈육자는 누구였습니까? 당신이 상처받거나 두려울 때 누구에게 갔습니까?
- 가족의 가치는 무엇입니까? (가훈) 당신이 성장할 때 당신에게 무엇을 기대하였습니까?

- 당신의 형제자매와의 관계를 기술하시오. 누가 공부를 잘했습니까? 누가 운동을 잘했습니까? 누가 친구가 많았습니까? 누가 문제를 가장 많이 일으켰습니까? 그들은 지금은 어떻게 하고 있습니까?

② 초기회상 평가

다음은 초기회상을 이끌어 내는 방법이다.

- 당신의 초기생활, 8세 이전의 생활을 회상하고 당신의 최초의 기억을 말해 보십시오. 그것은 당신에게 일어났던 것을 어떤 사람이 당신에게 이야기해 준 것보다는 당신에게 특별하게 회상된 단순한 경험에 대한 것이어야 합니다. 반복된 경험이 아니라 단순한 경험입니다.
- 만약 내담자가 어떤 기억을 확인하기 어렵다면, 기억할 수 있는 생일, 처음 학교에 간 날, 특별한 방학 등에 대하여 물어보고 그것에 대하여 이야기하도록 격려하십시오.
- 각 기억에 대하여, 그때 내담자가 몇 살이었는지, 기억의 순서를 이끌어 내고, 어떻게 시작되고 끝났는지, 누가 포함되어 있는지, 각기 무엇을 하였고 무슨 말을 하였는지? 그 상황에서 가장 생생한 기억은 무엇인지? 그 순간 무엇을 느꼈는지 그리고 내담자는 그 순간 무슨 생각을 하고 있었는지?

③ 초기회상 사전-사후 개입

치료 초기에 수집된 초기회상은 개입 전 초기회상이라 하고 치료의 종결 시점에 수집된 초기회상은 개입 후 초기회상이라고 한다. Mosak과 DiPietro(2006)에 따르면, "초기회상에서의 변화들은 치료 중에 일어나고 이러한 변화들은 내담자의 삶의 변화된 지각과 일치하여 일어난다."고 말한다(p. 203). 개입 전부터 개입 후까지의 변화들은 또한 삶의 전략에서, 부적응 패턴에서 적응 패턴으로 변화를 포함한다. 부적응 패턴에서 더 적응적 패턴으로 이동하는 것에 초점을 맞춤으로써 비록 치료적 초점이 자기-타인 도식이 아닌 삶의 전략이라고 할지라도 내담자의 자기-타인 도식(자기관과 세계관)들이 또한 더 건강한 방향으로 이동한다는 것을 나타낸다.

④ 아들러 상담 사례개념화

다른 이론기반이나 구조화된 사례개념화 방법들처럼 아들러 상담 사례개념화 방법은 임상적, 문화적, 진단적, 그리고 내담자의 독특한 생활양식과 생활양식 확신을 강조한다. 아들러 상담방법의 특성은 내담자의 상황적 그리고 종단적 패턴들을 보여 준다. 개념화는 내담자가 자기는 누구이고 그의 존재가 어떻게 되어 가는지 이해하도록 돕는다. 그것은 또한 내담자가 그의 잘못된 논리와 패턴들을 알아차리도록 돕는다. 문화적 공식화는 내담자의 성격적 역동과 비교하여 문화적 역동에 의한 설명을 제공한다. 치료 공식화는 잘못된 생활양식의 확신과 기본적 실수들을 수정하고 사회적 관심을 증가시키기 위한 계획이다. 이러한 네 가지 구성요소로부터 나온 정보가 사례개념화로 요약된다.

(3) 아들러 패턴-초점치료

아들러 상담은 이론적으로 절충적이며 통합적이다(Carlson et al., 2006). 아들러 상담의 장점은 여러 다른 접근들의 개입방법들을 적용하는 데 상당한 유연성을 가지고 있지만, 단점은 표준화되지 않았고 확립된 매뉴얼도 갖추지 못하고 경험적 연구도 부족하다는 것이다. 따라서 아들러 상담이 증거기반의 위치를 확보하기 위해서는 아들러 패턴-초점치료처럼 수정되어야 할 필요가 있다(Carlson et al., 2006). 아들러 패턴-초점치료는 표준화된 유일한 아들러 상담접근이다.

아들러 패턴-초점치료는 네 가지 주요한 원천에 그 기원을 두고 있다. 그것들은 패턴-초점, 질문전략, 특수한 질문과 동기면접 전략, 그리고 임상적 결과 측정(Sperry, 2016b)이다.

① 패턴

패턴은 개인이 생각하고, 느끼고, 행동하고, 대처하고 자신을 방어하는 예측가능한, 일관된 그리고 자기영속적인 유형과 태도이다(Sperry, 2006). 패턴은 부적응적일 수도 적응적일 수도 있다. 부적응적 패턴은 유연하지 않고, 비효율적이며, 그리고 부적절한 경향이 있고 개인적이며 대인관계적 기능에서 증상들과 손상뿐만 아니라 지속적인 불만족을 야기하는 경향이 있다. 어떤 패턴이 충분히 유연성이 없거나 손상되어 있을 때, 그것은 성격장애로 진단될 수 있다. 패턴에 대한 이러한 접근은 생물심리사회적 치료로부터 기인한다(Sperry, 2006).

생물심리사회적 치료는 패턴확인, 패턴변화, 패턴유지에 초점을 둔 치료과정을 강조하는 생물학적, 심리적, 사회문화적 요인들을 결합하는 통합적 접근이다(Sperry, 2006). 이 접근의 유용성 부분은 그의 통합적 특성이지만, 아들러 학파의 전망으로부터 이것을 적용하는 것은 보다 더 특수한 패턴들을 평가할 수 있는 능력을 제공한다.

② 질문전략

인지행동분석체계 심리치료(Cognitive Behavior Analysis System of Psychotherapy: CBASP)는 바람직하지 않는 사고와 행동을 확인하고 보다 더 유익한 것들로 변화시키는 것에 초점을 두는 심리치료적 접근이다. 이 체계로부터, 특별한 질문전략과 질문하는 순서는 아홉 가지 질문 항목을 진행하는 것으로부터 나왔다(McCullough, Schramm, & Penberthy, 2014). 아들러 패턴-초점치료에서, 이 방식으로 처리하기 위한 유도된 상황은 부적응 패턴을 효과적으로 드러내 주는 상황이다. 이는 내담자들이 도움이 되지 않는 사고와 행동을 직접적으로 대체하여 그들의 목표를 성취하도록 해 준다.

③ 동기면접

동기면접(Motivational Interviewing: MI)은 내담자들이 그들의 변화에 대한 양가감정을 발견하고 해결하도록 돕는 상담전략이다. 특별한 기법들은 변화가 가능한 것인지, 변화의 중요성과 변화의 확신을 평가하는 것을 포함한다(Miller & Rollnick, 2002).

④ 결과 측정

아들러 패턴-초점치료의 마지막 요소는 임상적 결과들과 치료적 관계를 포함하여 상담을 평가하고 진전을 점검하는 것이다. 임상적 결과들의 측정은 매 회기 환자건강질문지(Patient Health Questionnaire-9: PHQ-9) 점수, 치료의 시작과 끝에 수집된 초기회상들을 포함한다. 환자건강질문지(PHQ-9) 점수들은 초기 치료목표에 대한 진전(증상의 감소)을 반영하며, 초기회상의 두 번째 점수는 두 번째 치료목표에 대한 진전을 제공할 수 있다.

(4) 아들러 패턴-초점치료: 기본가정들

아들러 패턴-초점치료는 네 가지 전제를 가지고 있다.

첫째, 개인들은 타인들과 기능하고 관계하는 자기영속적, 부적응적 패턴을 무심코 발전시킨다는 것이다. 나중에 이 패턴이 내담자에게 나타나는 문제들의 기저를 이루게 된다.

둘째, 패턴의 변화(즉, 더 적응적인 패턴으로의 변화)는 증거기반 수행의 본질적인 구성요소라는 점이다.

셋째, 효과적인 치료는 내담자와 상담자가 협동하여 부적응적 패턴을 확인하고, 그것을 해체하고, 그리고 더 적응적인 패턴으로 그것을 대체하는 변화과정을 포함한다. 적어도 두 가지 결과, 즉 내담자의 문제해결과 증가된 행복감(Sperry & Sperry, 2012)들이 이러한 변화과정에서 비롯되었음이 관찰되었다.

넷째, 비생산적인 사고와 행동이 보다 더 적응적이거나 생산적인 것으로 대체되는 과정이 효과적인 치료적 변화로 더 빠르게 이어진다는 것이다.

(5) 아들러 패턴-초점치료: 패턴과 삶의 전략

아들러 패턴-초점치료는 패턴의 핵심적 구성요소를 생활양식의 삼단 논법, 즉 자기관, 세계관, 그리고 삶의 전략 중에서 삶의 전략과 동의어로 생각한다. 부적응적 패턴을 확인하고 그 패턴을 대체하도록 내담자를 돕는 작업은 치료자가 내담자를 단기간에 변화하도록 이끌 수 있는 한 가지 방법이다(Sperry & Carlson, 2014). 패턴에 대한 간결한 진술은 '나는 … 이다.' '삶/타인/세계는 … 이다.' '그러므로 나는 … 이다.'이다. 예를 들어, '나는 열등하고 삶은 위험하다. 그러므로 나는 나 자신을 보호하기 위해 철수해야(물러서야) 한다.'에서 삶의 전략이 일단 확인되면, 이 패턴은 부적응 패턴을 보다 더 적응적이고 유연한 패턴으로 대체하는 것에 초점을 맞추는 치료결정을 이끄는 간단한 개념화로서 작용할 것이다. 이 접근은 여러 가지 측면을 가지고 있고, 각각의 구성요소는 단기, 초점치료의 목표를 갖는다. 또한 분명하게 정의된 접근의 특성은 또한 일관성 있고 측정가능한 수행을 하도록 해 준다.

① 패턴

내담자들은 패턴과 패턴인식에 아주 수용적이다. 효과적인 치료는 부적응적인 패턴의 변화를 요구하고, 이 변화의 중요한 부분은 내담자들이 패턴인식에 능숙하게 되는 것이다. 대부분의 내담자들은 그들의 행동에 내재되어 있는 '패턴'이 있다는 생각을 선뜻 받아들인다. 이 말은 행동과 경험에는 질서와 의미가 있다는 것을 뜻하기 때문이다. 이러한 패턴들을 교육시키는 것은 내담자들에게 사건들로부터 그들 자신을 멀리 떼어 놓고 자기관찰을 증진시키도록 돕는다. 동시에 패턴인식은 전에 연결되지 않았다고 추정되는 사건들, 행동들 그리고 경험들을 연결시킴으로서 통합을 증진시킨다.

② 패턴인식

내담자의 패턴은 개인적으로나 대인관계적으로 유능성을 보여준다(Sperry & Carlson, 2014). 유능한 상담자들은 그들의 접근이나 관점에서 더 의미 있는 패턴들을 확인할 수 있고, 초보자들도 더 적은 노력으로 훨씬 더 빠르게 패턴들을 확인할 수 있다(Sperry & Carlson, 2014). 비록 이러한 기술을 학습하는 데 많은 시간과 노력이 필요하지만, 만약 초보 치료자가 시행착오를 통해 배우기보다 의도적으로 좀 더 일찍 패턴들에 초점을 맞추는 경험을 한다면, 그들은 좀 더 빨리 유능한 상담자들이 될 수 있다.

③ 삶의 전략의 중심적 역할

아들러 패턴-초점치료에서 삶의 전략을 강조하는 가장 중요한 이유 중 하나는 이러한 초점은 많은 다른 치료적 접근들보다 훨씬 넓은 영역의 내담자들과 증상들에 적용할 수 있는 가능성을 증가시킨다는 것이다. 내담자에 대한 잘된 개념화는 강력한 설명력과 예언력을 갖도록 해 준다(Sperry & Sperry, 2012). 아들러 학파의 관점에서 패턴을 이해하는 것은 많은 임상적 설명방식에 대한 통합적 접근을 제공할 수 있다(Sperry, 2015). 더 낮은 정서적 혹은 인지적 발달 수준에서도, 내담자들은 아들러 패턴-초점치료로부터 도움을 받을 수 있다. 자기-타인 도식(예: 자기관과 세계관)을 변화시키거나 수정하는 것에 초점을 두고 그리고 해석, 인지적 논쟁, 혹은 재구조화를 강조하는 접근들은 훨씬 더 높은 인지적 정서적 발달 수준을 요구한다.

삶의 전략이 아들러 패턴-초점치료에서 패턴의 중요한 구성요소이지만, 삶의 전략이 임상적으로 표현되는 것, 행위의 스타일 그리고 활동수준과 어떻게 연결되는지를 이해하는 것은 중요하다. 아들러 상담자들은 행동을 목적적인 것으로 보고 내담자들이 삶의 과제, 즉 사랑, 우정과 사회 그리고 일과 상호작용하는 방식들에 주의를 기울인다(Carlson et al., 2006). 이런 의미에서, 아들러 패턴-초점치료에서 패턴의 개념화는 내담자 삶의 상황에 대해 완전하고 전적인 의미를 설명하게 될 것이다.

④ 패턴인식의 임상적 사례들

아들러 패턴인식의 한 가지 예는 에이미의 사례에서 볼 수 있다(Sperry, 2015). 에이미는 우울과 회피성 성격장애 유형을 보인다. 그것은 그녀의 초기회상에 기원을 두고 있고, 그녀의 생활양식 논법은 '나는 부적절하고 결함을 가지고 있다.' 그리고 '삶은 힘들고 제멋대로이며 안전하지 않다.' '그러므로 관계들을 피하고 안전하게 느껴지지 않을 때 철수한다.'(p. 22)이다. 그녀의 삶의 전략은 회피적 성격을 가지고 있는 개인들에게는 보통의 주제이지만, 생활양식의 특별한 언어와 사용을 통해서 내담자와 치료자가 작업할 수 있는 간결한, 개인적 그리고 상호협력의 중요한 개념화를 가능하게 한다. 그녀의 삶의 전략은 '안전하게 느끼기 위해서 타인들을 피해라.'라는 그녀의 관찰된 부적응 패턴과 일치한다는 것을 주목해야 한다. 더군다나 그녀의 부적응 패턴과 삶의 전략은 나중에 치료가 어떻게 초점을 맞추어야 하는지를 알려 준다. 내담자는 사회적 고립과 우울증상을 보이고 이러한 부적응 패턴이 보다 더 적응적 패턴으로 바뀜으로써, 이러한 문제들이 해결되었다(Sperry, 2015).

단순 부적응 패턴은 평범하게 나타나지만, 때로 내담자들은 치료자를 혼란스럽게 할 수 있고 치료과정을 복잡하게 할 수 있는 이차적 패턴들을 나타낸다. 이러한 이차적 패턴을 인식하는 것은 혼동을 감소시키고 치료적 변화를 일으키는 데 중요하다. 에이미의 사례는 이런 이중 패턴의 유용한 예이다. 그녀의 초기 부적응 패턴은 그녀 자신이 아니라 타인을 보살피는 것으로 관찰되었다.

그녀의 두 번째 패턴은 그녀의 과양심적 측면에 완벽하게 맞추려 하는 것이었다. 그녀의 초기회상으로부터, 그녀의 삶의 전략은 '그러므로 타인을 보살피고 즐겁게 하는 데 충실하라.'였다. 그 삶의 전략은 부적응 패턴과 일치하고, 그 반대의 경우도 마찬가지이다. 효과적인 단기치료를 통해서, 에이미는 그녀의 현재의 관심사항들을 또한 해결하면서 이러한 부적응적 패턴들을 적응적인 것으로 바꾸었다(Sperry & Carlson, 2014).

(6) 아들러 패턴-초점치료: 대체전략

아들러 패턴-초점치료의 핵심적 치료전략은 대체전략인데, 부적응적 패턴에 연결된 사고들과 행동들을 '대체하는' 전략이다. 이는 개인들이 가끔 열등감에 근거한 학습된 부적응적 생활양식 혹은 삶의 전략에 의해서 가끔 낙담되거나 단절된다는 아들러 이론에 개념적 근거를 두고 있다. 생활양식은 바로 생각으로 표현되는 것이 아니라 가치, 태도, 그리고 지각으로 표현된다. 부적응적 패턴들을 적응적 패턴들로 대체하는 접근의 효용성은 그것이 내담자들에게 보다 온전한 방식으로 상황을 검증할 수 있는 기회를 제공한다는 것이다. 내담자들은 그것들이 이전의 부적응적 사고, 행동, 정서적 반응을 어떻게 대체하는지를 고려함으로써 결과적인 사고를 학습할 수 있거나 보다 더 유용한 것들과 연결되는 방식들을 학습할 수 있다. 이러한 접근은 내담자들과 협력적으로 우세한 초점으로 패턴들을 강조하고 대체하는 데 독특한 특징이 있다.

(7) 변화과정을 촉진하는 요소들

비록 부적응적 패턴들이 강화되고 긴 시간 동안 변화에 저항한다고 하더라도, 그것들은 보다 더 적응적인 사고와 행동이 부적응적인 것들을 대체할 때, 변화될 수 있고 변화된다. 변화 기제는 부적응적인 패턴반응의 반사적 반복에서 보다 더 적응적 패턴으로 변화가 시작되는 더 반영적 반응으로의 변화이다. 내담자들이 배려하고 상호협력하는 치료적 관계의 맥락에서 사실적이고 해로운 결과를 더 바람직하고 도움이 되는 결과와 대비하도록 도움을 받을 때, 더 적응적인 패턴의 변화 형태로의 변화가 일어날 수 있다.

변화과정을 촉진하는 요인들은 내담자의 준비성과 변화동기, 치료관계와 치료자의 전문성, 사례개념화 그리고 패턴확인의 정교성, 그리고 치료매뉴얼의 충실성이다.

① 내담자 준비성과 변화동기

척도질문은 내담자의 동기와 부적응 패턴의 변화에 대한 확신을 평가하기 위해 사용된다. 내담자에게 부적응 행동을 변화시키는 것이 얼마나 중요한지 그리고 그 변화를 어느 정도 확신하는지를 평정하도록 한다. 먼저 변화 중요성의 정도를 0부터 10까지 평정하게 한다. 0은 '전혀 없음', 10은 '매우 중요'를 의미한다. 다음은 부적응 패턴을 변화시킬 수 있는 확신의 정도를 0에서 10까지 평정하게 한다.

② 치료적 관계와 치료자의 전문성

패턴-초점치료는 내담자와의 상호협조적인 관계를 형성하고 치료형식에 대한 심리교육을 제공하여 내담자가 치료적 접근방법에 적응하게 함으로써 시작한다. 효과적인 치료관계를 발달시키고 유지시키는 것은 이 접근에서 중요한 변화의 원천이다. 각 회기의 목표를 위해서, 내담자는 회기평정척도(Session Rating Scale: SRS)로 치료적 관계를 평정한다. 결과들이 논의되고 이전 회기의 점수와 비교된다. 상담자와 내담자는 치료적 관계가 어떻게 성장할 수 있고 증진될 수 있는지에 대해서 서로 협력한다(Sperry, 2016a, 2016b).

③ 사례개념화와 패턴확인의 정교성

효과적인 사례개념화는 상담자가 내담자의 부적응 패턴을 보다 더 적응적인 패턴으로 변화시키는 데 초점을 둔 치료계획을 세우기 위하여 상담자가 내담자의 부적응행동을 확인하는 데 도움이 될 것이다. 또한 내담자의 변화에 대한 준비성, 기술의 결핍, 그리고 강점들과 보호요인들뿐만 아니라 내담자의 증상들과 부적응 패턴의 심각성은 효과적인 치료계획을 세우는 데 중요하다.

④ 치료매뉴얼의 충실성

상담절차는 상담을 하는 동안에 내용 혹은 전달의 유연성의 부족과 정확하게 연결될 수 있다.

⑤ 사례개념화

사례개념화는 내담자에 대한 정보를 수집하고 조직화하기 위한, 부적응 패턴을 이해하고 설명하기 위한, 치료에 초점을 맞추고, 도전과 장애물을 예측하고, 종결을 준비하기 위한 방법과 전략이다(Sperry & Sperry, 2012). 임상적으로 유용한 사례개념화는 치료자들에게 변화 가능성을 높이기 위한 치료개입의 계획과 초점화를 통해 일관성 있는 치료전략을 제공해 준다. 최소한 이러한 사례개념화는 내담자가 호소한 문제, 내담자에게 내재된 문제, 사전성향, 지속된 문제, 패턴, 그리고 성격유형을 포함한다. 호소한 문제는 내담자의 드러난 문제, 가끔 내담자의 패턴과 부합되는 내재된 특성에서 드러난 반응이다. 호소한 문제는 증상의 이력과 과정뿐만 아니라 특수한 증상들 그리고 심각성, 개인적 그리고 사회적 기능, 의학적 그리고 DSM 진단을 포함할 수 있다. 내재된 문제는 현재의 문제를 추동하면서 내담자의 패턴을 활성화시키는 촉발인들을 포함한다. 이것들은 증상들의 선행요인들, 혼란된 사고, 그리고 문제적 행동들이다. 호소한 문제와 내재된 문제 사이의 이러한 상호작용을 이해하는 데 있어서 중요한 점은 내담자의 부적응 패턴, 혹은 사고, 감정, 그리고 행동의 일관된 유형을 확인하는 것이다. 사전성향은 부적응 패턴 혹은 적응 패턴 모두를 만들고 이끄는 요인들을 말한다. 생물학적, 심리적, 그리고 사회적 요인들은 모두 사전성향에 기여할 수 있다. 마지막으로 지속된 요인은 현재의 문제를 유지시키는 요인들이다.

⑥ 사례

에릭(35세 남성)은 그의 여자친구가 함께 입주하자고 제안한 후, 가볍고 낮은(우울한) 기분과 즐거움의 결핍을 나타낸다. 비록 고등학교 시절에 그와 데이트했던 한 소녀가 그를 조롱한 이래로 이것이 그의 첫 성공적 관계라고 할지라도, 그는 여자친구의 요청이 '너무나 큰 압력'이라고 이야기한다. 그 경험 이후로, 내담자는 그가 비난을 받거나 거부당하는 것이 두려워서 그는 사람들과 가까이 지내지 않고 혹은 개인적 위험을 무릅쓰지 않기 위해 조심하였다고 말한다.

이것이 이 사례의 사례개념화이다. 에릭은 그의 여자친구가 함께 입주하자고 요청(내재된 것)한 후 우울한 기분과 즐거움의 결핍(표현된 것)을 보인다. 거부의 이력인 그가 조롱당한 사건, 그리고 고립하는 행동(소인)은 에릭이 비판과 거부를 회피하기 위해 타인을 피하고 타인을 멀리 하는 행동(패턴)을 하도록 하였다. 이것은 회피적 성격유형과 일치한다. 에릭은 사람들 앞에서 당황하는 일을 만들지 않는 방식으로 그의 회피적 행동을 설명한다(설명모델). 에릭의 회피 패턴은 사회적 고립, 자기비판적 사고, 그리고 친밀한 관계에서 감소된 능력이 작용하도록 이끎으로써 그의 우울증상에 기여하고 우울증상을 유지한다. 사회적 고립과 친밀성의 회피는 그의 현재의 능력을 유지하게 한다(영속성).

(8) 치료목표들

치료목표의 세 가지 수준은 보통 심리치료 문헌에 나와 있다.

이것들은 일차적, 이차적, 그리고 삼차적 변화목표들이다. 일차적 변화목표는 증상의 감소와 현재 문제의 해결이다. 이차적 변화목표는 내담자의 부적응 패턴으로부터 보다 더 적응적 패턴으로의 변화를 말한다. 삼차적 변화목표는 변화를 위한 개인의 학습을 포함한다. 이 치료 매뉴얼의 관심은 일차적 변화목표와 이차적 변화목표이다.

① 일차적 변화목표

일차적 변화목표는 전형적으로 증상 제거, 최소한의(기저선) 기능으로 회복, 현재 나타내는 문제들의 해결, 증가된 사회적 그리고 직업적 기능과 같은 단기적 목표이다. 유용한 치료목표들은 현실적이고, 실현가능하며, 측정가능한 것이다. 그것들은 내담자와 상담자가 상호 동의한 것이다. 내담자는 목표들을 달성할 수 있고 목표성취에 전념할 수 있음을 믿어야 한다. 중도 수준 우울의 경우에, 일차적 치료목표는 우울증상의 감소, 증가된 활동 수준, 그리고 증가된 사회적 기능을 포함할 수 있다.

② 이차적 변화목표

이차적 변화목표는 패턴의 변화 혹은 성격변화와 같은 장기적 목표이다. 이러한 목표들의 성취는 부적응 패턴으로부터 보다 더 적응적인 패턴으로의 변화로 표현되고 내담자가 그가 기대하는 결과들을 여러 상황 속에서 더 빈번하게 성취하는 것이다. 예를 들어, 자기 자신을 소홀히 하는 반면, 타인을 기쁘게 하는 의존적 패턴을 보이는 가벼운 우울증상을 가지고 있는 내담자는 우울증상을 감소시키고, 직장에서 기능을 향상시키는 그리고 동기와 활동수준을 증가시키는 일차적 변화목표를 가질 수 있다. 이 내담자의 이차적 변화목표는 자신의 욕구충족은 도외시하고 타인의 욕구를 더 중요하게 돌보는 부적응적 패턴으로부터 자기 자신의 욕구를 돌보면서도 타인들과 관계하는 보다 더 적응적 패턴으로 변화하는 것이다.

자기 자신의 욕구를 무시하는 내담자는 자기돌봄을 하지 못하고 힘든 관계를 발견하지 못하기 때문에 부적응적 패턴이 현재의 우울과 사회적 고립의 문제에 기여하는 것이라 이해할 수 있다. 만약 일차적 변화목표가 충족되지만 이차적 변화목표를 소홀하게 된다면, 내담자의 증상은 원상태로 되돌아갈 것으로 생각된다. 왜냐하면 그의 패턴은 반복하는 동일한 증상을 만드는 사고와 행동을 찾게 될 것이다. 이차적 변화목표는 내담자가 그 자신과 관계를 보는 방식을 증진시키고, 내담자의 자기돌봄이 증가되고 그리고 증상 재발의 기회가 줄어들게 될 것이다. 이러한 치료매뉴얼, 인지행동분석체계 심리치료(CBASP)에서 사용된 비교 개입은 단지 일차적 변화목표에만 초점을 맞추지만, 아들러 패턴-초점치료는 일차와 이차적 변화목표에 초점을 맞춘다.

③ 삼차적 변화목표

삼차적 변화목표들은 내담자가 그의 치료과정 중에 그리고 치료과정 후에 이루어 낸 변화들을 포함한다. 임상치료의 목적을 위해서 삼차적 변화목표들은 치료매뉴얼의 정상적인 부분이 아니다.

④ 내담자 목표의 평가

상담자와 내담자가 치료목표에 함께 동의하는 것은 중요하다. 치료목표의 제휴는 상담자에게 내담자의 증상과 문제에 대한 내담자 자신의 설명을 이끌어 내도록 요구한다. 이러한 정보는 내담자의 현재의 문제에 대한 내담자 자신의 사례개념화로서 제공한다. 치료자는 내담자의 부적응 패턴을 변화시키는 것에 초점을 맞춘 일차적 치료목표들뿐만 아니라 이차적 치료목표를 설정하는 것에 대해서 내담자와 서로 동의하는 쪽으로 작업해야 한다.

3) 해석

아들러 개인심리학 상담의 세 번째 단계는 해석이다. 이 과정에서 상담자는 시험적인 추론과 관찰을 수행한다. 상담자는 내담자가 이야기하는 문제에 귀를 기울이고, 가족구도와 초기회상을 탐색하고 상담장면 안팎에서 내담자의 행동을 관찰함으로써 상담자는 내담자의 문제에 대해 직관적 추론과 내담자가 삶의 과정에서 대처하는 데 필요한 시사점을 얻을 수 있다.

(1) 해석상의 주의사항

해석단계에서 상담자가 고려해야 할 몇 가지 지침이 있다. 해석은 임상적인 관찰과 판단에 기초한 직관적인 과정이기 때문에 상담자들은 해석을 할 때, 통찰의 패턴과 현재의 문제와의 관련성이 명확해질 때까지는 내담자에게 해가 없어 보이는 통찰내용을 조심스럽게 노출시킨다. 상담자의 통찰내용을 듣고 이해하는 것은 상담의 일부분이다.

내담자의 궁극적인 목표는 새로운 통찰을 받아들이고 그것에 맞게 행동하는 것이다. 내담자들은 '아하!' 하며 갑자기 깨닫는 경험을 하지만 통찰의 의미는 잊어버리고 오래된 자기패배적 행동을 계속한다. 숙련된 상담자는 이러한 통찰을 잘 정리하여 내담자가 성공적으로 변화를 이끌어 내도록 잘 준비시킨다.

다음은 해석단계에서 주의해야 할 몇 가지 사항이다.

- 분류하는 것을 피하라. 행동목적을 탐색하라.
- 내담자가 상담자의 관찰내용을 다듬고 수정하도록 격려하는 것이 반드시 필요하다. 가끔 내담자의 도움 없이는 내담자가 사용한 단어나 이야기의 의미를 정확하게 이해하기 어렵다. 또 어떤 경우에 내담자들은 관찰한 내용이 어떻게 이루어지는지에 대한 많은 사례를 가지고 관찰한 내용을 입증해 줄 수도 있다.
- 해석이 잘못될 경우를 준비하라. 내담자가 상담자의 해석내용에 동의하지 않을 권리를 갖고 있다는 것을 존중해야 한다. 특히 객관적인 관찰에 개인의 사적인 편견이 투사되지 않도

록 주의를 기울이라(즉, 내담자의 행동에 대한 상담자의 동기를 확인하라).

- 상담관계에서 지금-여기의 행동과 감정을 알아차리라. 면담 중에 표현되는 행동과 감정 역시 생활양식에 대한 자료(예: 대처방법과 목표지향)를 제공해 준다.
- 내담자의 장점을 강조하는 것을 포함하여, 격려하는 분위기를 만드는 것은 상담과정에서 중요한 부분이다.

4) 재정향

아들러 개인심리학 상담의 마지막 단계는 내담자가 새로운 방향을 갖도록 조력하는 재정향의 과정이다. 즉, 상담자는 재정향을 통해 내담자로 하여금 목표를 성취할 신념과 행동에서의 변화를 만들도록 한다. 상담자는 내담자의 생활양식의 분석, 초기회상, 가족의 역동성, 꿈의 분석을 통해 도출된 통찰을 바탕으로 내담자가 이전의 비효율적 신념과 행동에 대한 대안적 방안을 찾도록 도와준다. 이러한 재정향의 단계의 핵심적 내용은 내담자의 잘못된, 즉 무용한 생활양식의 패턴을 새로운 유용한 생활양식의 패턴으로 바꾸는 과정이라 할 수 있다.

역기능적 행동을 하는 사람은 인생을 상식의 관점에서 보는 것이 아니라 자기 나름의 사적 논리에 따라 인생을 본다. 그는 사회적 관심이 부족하여 공동체를 위해 헌신하고 타인과 협력하기보다는 자기중심적이고 이기적인 방식으로 자신의 문제를 해결한다.

재정향의 단계에서 새로운 삶의 방향으로 이끄는 데 필요한 효과적인 방법은 격려이다. 격려는 내담자의 행동을 변화시키는 데 필요한 핵심적인 요인이다. 아들러 개인심리학에서는 내담자를 정서적으로 아픈 사람으로 보지 않고 격려가 필요한 낙담한 사람으로 본다. 상담과정은 낙담한 내담자에게 격려적인 환경에서 정보를 제공하고 가르치고 지도하고 격려를 제공하는 것에 맞춘다. 격려는 개인의 신념을 변화시키는 가장 영향력 있는 방법으로 내담자로 하여금 자신감을 형성하고 용기를 갖게 해 준다. 용기는 공동체적 정신과 일치하는 방식으로 두려울 때조차도 행동하게 만드는 의지이다. 낙담한 사람은 용기를 잃고 잘못된 역기능적 방식으로 행동하는 사람이다. 그들에게 삶의 새로운 방향을 설정하고 건강하고 효율적인 방식으로 행동하도록 하는 것은 격려적 환경에서 끊임없이 용기를 주는 격려를 통해서이다.

(1) 아들러 패턴-초점치료: 개입

① 본질적 요소들과 기법들

이 부분은 아들러 패턴-초점치료에 중요한 특징적인 요소들을 기술한다.

가. 핵심적 대체 개입전략

대체전략은 해로운 사고와 행동을 더 건강하고, 더 도움이 되는 것들로 의도적으로 대체하는 데 사용되는 보통 유익한 전략이다. 많은 치료자는 해석 혹은 인지적 논박을 사용해서 새로운 이슈를 처리할 충분한 시간이 없을 때 또한 그것을 부가적인 전략으로 사용한다. 예를 들어, 내담자가 토요일 저녁에 함께 보낼 친구가 없어서 우울하거나 힘들어할 때, 내담자는 침대에 누워서 아무것도 할 것이 없다고 생각할 수 있다. 상담자는 내담자가 대체행동(특별한 친구에게 전화하기) 혹은 대체사고(내가 내 친구에게 전화할 때, 나는 사람들이 나와 함께 시간을 보내기를 원한다고 알고 있다.)를 하도록 격려한다.

대체전략은 만성 우울과 지속성 우울장애와 같은 조건들을 치료하기 어려운 경우에도 대단히 효과적인 전략이라고 생각되었다. 지역사회 정신건강 클리닉과 같은 장소의 내담자 80% 이상이 해석, 합리적 논박 혹은 인지적 재구조화로부터 도움을 받는 데 필요한 인지-정서적 발달 수준 아래로 기능하고 있다. 그래서 이러한 내담자들은 형식적 조작과 후형식적 사고보다는 정서적 사고(그리고 정서적 반응)에 빠져들 가능성이 더 높다. 그리고 그들은 경험으로부터 배우는 데 실패한 이력을 가지고 있다. 대체전략은 이러한 내담자들에게 치료적 목표들을 성취하는 데 더 효과적일 뿐만 아니라 또한 형식적 조작의 발달과 경험으로부터의 학습을 가능하게 해 준다. 더군다나 이러한 치료전략은 극히 적은 사용 금지와 예외를 가지고 있다. 유일한 예외는 치매, 섬망, 혹은 극심한 중독 때문에 현재 활발하게 환각과 망상을 경험하고 있고 이러한 심각한 인지적 부작용을 경험하고 있는 환자들이나 내담자들이다.

아들러 패턴-초점치료에서 대체는 부적응 패턴으로부터 보다 더 적응 패턴으로 대체하거나 변화하는 것에 초점을 둔다. 핵심적인 치료전략은 내담자의 부적응 패턴에 관해서 내담자가 경험하고 있다고 보고하는 문제상황을 분석하는 것에 초점을 맞춘다. 내담자들은 먼저 상황과 그들의 관련된 해석(사고) 그리고 행동들을 기술한다. 그리고 나중에 실제적인 결과뿐만 아니라 그 상황에서 그들의 바람직한 결과를 준비하도록 그들에게 요구한다. 내담자들은 그들이 원하는 결과를 성취하지 못했다고 전형적으로 보고하기 때문에, 만약 그들의 해석들이 그들이 그 상황에서 원했던 것들을 성취하는 데 유익한지 혹은 해로운지를 그들에게 묻는다. 만약 그 해석이 유익하지 않다면, 내담자들은 어떤 대안적 해석들이 도움이 될 것인지 그리고 그러한 대안들이 내담자들이 원하는 결과를 얻는 데 어떻게 도움이 될지를 내담자에게 묻는다. 그런 후에 내담자의 보고된 행동은 그들의 행동들이 그들이 바람직한 결과를 성취하는 데 도움이 될지 혹은 해가 될지 그리고 어떤 행동들이 더 도움이 될 것인지에 관하여 동일한 방식으로 분석된다. 치료적 변화의 동인은 내담자들이 보다 더 적응적 패턴으로 변화하는 결과로서, 그들이 원하거나 기대했던 결과들을 더 자주 성취한다는 것을 발견하는 것이다.

나. 패턴확인

아들러 패턴-초점치료의 중요한 요소는 내담자의 패턴확인이다. 내담자의 패턴은 내담자로부터 나온 피드백 정보와 함께, 초기회상과 아들러 생활양식 요인들뿐만 아니라 접수면접에서 제공된 정보를 사용하여 치료자에 의해 결정된다. 내담자들은 한 가지 이상의 패턴을 나타낼 수 있고, 부적응 반응들은 심각성에 따라 등급을 매길 수 있다. 정교한 내담자 패턴의 확인은 아들러 패턴-초점치료의 효과적인 발표에 중요하다.

다. 패턴변화

두 번째 중요한 요소는 문제가 진행되는 일련의 순서를 통한 패턴의 변화이다. 패턴변화는 내담자의 이차적 변화목표들의 성취를 나타내 준다. CBASP 혹은 REBT와 같은 접근들은 중대한 사고를 조성하고 비합리적인 신념을 보내지만, 이러한 기법들은 패턴을 확인하지 않거나 패턴-부가적 상황을 분석하지 않는다. 그러므로 그것들은 일차적 변화목표만을 목표로 삼는다.

라. 진전의 점검

결국 아들러 패턴-초점치료의 중요한 요소는 계속적인 진전의 점검이다. 내담자의 진전은 결과평정척도(Outcome Rating Scale: ORS)를 사용하여 점검되고, 치료관계의 질은 회기평정척도(Session Rating Scale: SRS)를 사용하여 계속적으로 점검된다. 환자건강설문지(PHQ-9)는 계속적인 증상 점검을 위하여 사용된다. 사회적 관심은 사회적 관심 지수 간략형(Social Interest Index Short Form: SII-SF)으로 치료 전-후를 평가한다.

② 표준화된 측정

가. 환자건강설문지(PHQ-9)

주요우울장애 DSM-5 기준에 해당하는 9개 항목 질문이다. 각 질문은 0부터 3까지 4점 리커트 척도로 평정한다. 0 '전혀 아닌', 1 '며칠에', 2 '날수의 반 이상', 3 '거의 매일'이다. 10번째 질문은 내담자가 1과 3 사이에서 평정했던 어떤 증상이 내담자의 직장, 가정, 그리고 타인과의 관계에서 기능하는 내담자의 능력에 어떻게 방해가 되는지 묻는다. 응답자들은 지난 2주 동안의 경험을 평가한다. PHQ-9의 점수는 다음과 같다. 0~4 최소 또는 없음, 5~9 온화함, 10~14 적당함, 15~19 중간정도 심각함, 20~27 심각함이다. 이 연구에 적절한 개인들은 PHQ-9에서 온화함에서 적절한 우울을 나타내는 5~9 사이의 점수를 가져야 한다. 전체 치료의 효과는 우울증이 없거나 최소를 나타내는 0~4 범위로의 변화를 나타낼 것이다.

나. 회기평정척도

회기평정척도(Session Rating Scale: SRS; Duncan et al., 2003)는 치료동맹의 질을 측정하는 네 가지 항목의 도구이다. 이 척도는 각 회기의 종결 후에 평정하며, 회기가 종결되었을 때 이해와 존중의 정도, 내담자의 참여의 정도, 치료접근의 적절성, 회기의 만족도 등을 평정한다.

다. 결과평정척도

결과평정척도(Outcome Rating Scale: ORS; Miller & Duncan, 2000)는 내담자 결과를 평정하는 네 가지 항목의 도구이다. 내담자는 지난주에 잘 지낸 정도를 체크한다. 네 가지 영역은 지난주의 기분, 내담자의 관계의 질, 내담자의 사회적 그리고 직업적 생활, 내담자의 전반적 행복감을 포함한다. 이 척도는 회기의 시작 전에 평정한다.

라. 사회적 관심 지수-간략형

사회적 관심 지수-간략형(Social Interest Index-Short Form: SII-SF; Bass, Curlette, Kern, & McWillian, 2002)은 사회적 관심을 측정하는 사회적 관심 지수(Social Interest Index: SII)의 개정판으로 32문항의 5점 리커트 척도로 구성되어 있다. 점수의 영역은 32~160이며, 점수가 높을수록 높은 사회적 관심을 나타낸다.

③ 중요 개입기법

가. '마치 ~처럼' 행동하기

'마치 ~처럼' 행동하기 기법은 아들러 패턴-초점치료의 주요한 개입기법이다. 이 기법은 Hans Vaihinger의 '마치 ~인 것처럼' 철학에서 나왔다. 이는 내담자가 미래의 사건, 신념 또는 바라는 행동을 예견하고 가장하거나 행동하는 인지적 · 행동적 또는 인지행동적 개입이다.

나. 단추 누르기

단추 누르기 기법은 우울증을 위한 아들러 개입으로 개발되었다. 이 기법은 유쾌한 감정 혹은 불쾌한 감정을 떠올리게 하고 경험에 수반되는 감정을 토론하는 기법으로 상담자는 부정적이거나 긍정적인 감정을 일으켰던 상황을 떠올려 보게 하는 내담자의 심상을 사용하여 내담자가 선택하여 감정을 경험할 수 있음을 설명한다. 내담자는 몸의 긴장, 심장박동 비율의 변화, 그리고 기타 행동의 움직임에 상응하는 변화를 경험할 수 있다.

다. 역할놀이

행동실연기법으로 잘 알려져 있는 역할놀이는 많은 치료접근에서 사용된 치료전략이다. 이 개입에서 치료자는 내담자에게 대화와 행동을 수행할 수 있는 기회를 제공함으로써 그에게 예상되는 역할 혹은 상황에서 역할을 하도록 도움을 준다. 예를 들어, 실제적인 사회적 상호작용에 참여하기 전에 필요한 사회적 기술들을 마스터하고 확신을 형성하기 위하여, 내담자는 새롭게 학습한 사회적 역할을 수행할 수 있다. 치료자는 내담자가 상호작용하고 있는 그 사람의 대역을 할 수 있다. 아들러 패턴-초점치료에서 역할놀이는 내담자가 과거에 어려움을 경험할 수 있었던 일들을 경험하고 수행할 수 있는 방법으로서 사용할 수 있다.

(2) 임상적 치료목표: 경도에서 중등도

① 우울에 내재하는 생물심리사회적 요인

의도적으로 치료매뉴얼들은 특수 진단에 대한 특정 치료적 접근에 초점을 맞추어야 한다. 이 치료매뉴얼의 절에서는 중등도(moderate) 우울에 대한 경도(mild)로서 개입의 목표를 기술한다. DSM-5 용어들에서, 포괄진단은 주요우울장애, 단순 삽화, 경도(296.21) 혹은 중등도(296.22)만이 해당될 것이다. 배제기준은 주요우울장애, 재발성 삽화, 다른 증상장애, 그리고 DSM-5의 2절의 기준과 일치하는 성격장애를 포함한다.

아들러 패턴-초점치료에서 우울의 병리적 기초는 다음과 같다. 개인들은 그들의 우울에 내재하고 있는 것을 행동하고 말하는 자기영속적 패턴을 무심코 발달시킨다. 이 패턴은 체계적이고 문화적인 고려뿐만 아니라 생물학적 부하와 가족력에 의해 영향을 받는다. 더군다나 이러한 부적응 패턴들은 강화되고 오랜 시간 동안 변화에 저항하게 된다.

가. 생물학적 요인

패턴에 기여하는 생물학적 요인들은 의학적 조건들, 약물이나 물질의 사용, 그리고 수면 패턴을 포함할 수 있다. 예를 들어, 변덕스러운 일정의 일과는 수면 부족과 내분비 조절장애로 이끌고, 다음에는 우울을 더욱 악화시킨다.

나. 심리적 요인

내담자의 생활양식 확신뿐만 아니라, 완벽주의, 심사숙고하는 경향, 나쁜 자기조절과 관계형성 기술과 같은 심리적 요인들이 고려되어야 한다. 생활양식의 확신은 내담자의 기본 패턴을 나타내고 내담자의 자기관(I am), 세계관(life is, people are), 그리고 생활전략을 포함한다. 내담자의 기본적 실수에 대한 결론은 이러한 일반적인 패턴으로부터 나올 수 있다. 내담자의 생활양식의 확신에 대한 정보는 내담자의 초기회상의 분석을 통해서 얻을 수 있다. 초기회상은 내담자의 생활양식 확신뿐만 아니라 사회적 관심과 생애과업에 대한 행동경향을 반영할 수 있는 투사기법이다.

다. 사회적 요인

사회적 요인들은 지역사회와 가족역동들, 특히 가족구도를 포함한다. 가족구도는 내담자의 가족구성원과의 관계에 대한 정보, 출생순서(생물학적 혹은 심리적), 가족 가치관, 가족환경, 그리고 내담자의 가족 내에서 소속감으로 구성된다. 이는 가족의 일부로서 어떻게 느끼는지, 내담자가 출생순서에 따른 가족 내에서 그의 위치를 어떻게 지각하는지, 그리고 부모들, 형제자매들, 부모들과 아이들과의 관계에 대한 내담자의 관점을 포함한다.

② 치료자에 의한 우울증상들의 평가

임상가들은 주요우울장애, 경도(mild), 단순삽화(296.21), 그리고 주요우울장애, 중등도(moderate), 단순삽화(296.22)의 준거로 내담자의 평가를 시작해야 한다.

가. DSM-5 진단준거

주요우울장애는 2주 동안 다음 9개 진단 중 5개 증상의 출현으로 구성된다. 적어도 한 가지 증상은 우울기분 혹은 관심이나 쾌감의 결핍(쾌감의 상실로 알려진)이 있어야 한다.

- 하루 중 대부분 그리고 거의 매일 지속되는 우울기분에 대해 주관적으로 보고(예: 슬픔, 공허감 또는 절망감)하거나 객관적으로 관찰됨(예: 눈물 흘림).
- 거의 매일, 하루 대부분, 거의 또는 모든 일상 활동에 대해 흥미나 즐거움이 뚜렷하게 저하됨.
- 체중조절을 하고 있지 않은 상태에서 의미 있는 체중증가나 체중감소, 거의 매일 나타나는 식욕의 감소나 증가가 있음.
- 거의 매일 나타나는 불면이나 과다수면
- 거의 매일 나타나는 정신운동 초조나 지연
- 거의 매일 나타나는 피로나 활력의 상실
- 거의 매일 무가치감 혹은 과도하거나 부적절한 죄책감을 느낌
- 거의 매일 나타나는 사고력이나 집중력 감소 또는 우유부단
- 반복적인 죽음에 대한 생각(DSM-5; APA, 2013)

앞에서 지적하였듯이, 환자건강질문지(PHQ-9)는 주요우울장애 DSM-5 준거와 일치하는 9개 항목의 질문이고 매 회기에 우울

증상에서의 변화를 점검하는 데 이용될 것이다.

(3) 아들러 패턴-초점치료: 진행(Delivery) 형식과 내용

① 진행(Delivery)의 형식

회기들의 시간과 횟수는 50분의 10회기이다. 접근은 2주 간격의 9회기와 10회기를 포함하여 8주 회기의 개인치료 형식으로 진행된다.

② 내용의 유연성

다음 10회기의 상담절차는 임상치료 동안에 내용과 진행 형식에 있어서 유연성 없이 정확하게 이어진다.

③ 회기의 내용과 형식

이 절에서 아들러 패턴-초점치료의 회기형식이 기술된다. 임상치료에 참가하는 모든 치료자는 이 형식을 정확히 따라야 하고, 슈퍼비전은 진행된 회기들의 충실도를 점검하는 것을 포함한다. 다음으로 회기형식 비교치료 접근을 간단하게 기술한다.

치료는 다음에 간단히 정리된 상담절차를 따를 것이고, 일주일 간격의 여덟 번의 회기 그리고 2주 간격으로 이루어지는 9회기와 10회기의 50분 개인치료 형식으로 진행된다. 내담자는 좀 더 일찍 확인된 포함과 배제의 기준에 의해서 심사되고 평가될 것이다. 임상실험을 위한 치료자들은 정신건강 상담의 치료자 혹은 석박사 학생, 아들러 패턴-초점치료에서 제시된 훈련 프로그램을 이수한 심리치료사들, 아들러 패턴-초점치료의 슈퍼비전에서 훈련된 슈퍼바이저들에 의해서 주간단위로 구조화된 슈퍼비전을 받을 심리치료사들이 될 것이다. 구조화된 슈퍼비전은 치료매뉴얼 프로토콜을 이용하여 충실성을 붉게 주서한 비율을 포함한다.

2~9회기에서, 네 부분의 상담과정이 전형적으로 발달되고 진행된다.

1. 매 회기에서, 그러나 특별히 초기 모임에서, 강렬한 치료적 관계가 '내담자 동의 구하기' 그리고 관련된 동기면접 질문을 포함한 다양한 관계를 강화하는 전략들을 활용하여 확립되고 유지된다.
2. 동시에 각 회기—첫 번째 회기 이후에—는 PHQ-9를 사용하여 간단한 우울증상의 평가로 시작하고, 결과평정척도(Outcome Rating Scale: ORS)를 사용하여 지난 회기 이후로 과제를 개관하고 치료목표들의 진전을 점검한다. 내담자의 점수들은 내담자의 부적응 패턴과 보다 더 적응적 패턴으로의 변화목표에 관하여 토론한다.
3. 그다음 질문진행 순서는 특별한 문제상황에서의 내담자의 행동과 해석을 분석하기 위해서 활용되는데, 그것들이 내담자가 원하는 결과를 성취하는 데 도움이 될지 아니면 해가 될지에 관하여 분석하는 데 활용된다. 이는 부적응-적응 패턴과 관련된다. 다음 질문은 이러한 과정을 촉진한다.

- 특별한 문제상황을 처리하기 위한 맥락으로서 부적응 패턴을 상세하게 기술하라.
- 문제상황을 이끌어 내라: 시작, 중간, 그리고 종결
- 상황에 대한 생각 혹은 해석들을 끌어내라.
- 행동을 이끌어 내라: 말, 행위, 그리고 준언어(주변언어)
- 내담자 혹은 환자가 어떤 일이 일어나기를 바라는지를 이끌어 내라.
- 실제로 그 상황에서 무엇이 일어났는지 이끌어 내라.
- 환자 혹은 내담자가 원하는 결과를 얻었는지 물으라.
- 상황을 평가하기 위한 동의를 구하고, 그것이 어떻게 다르게 바뀔 수 있었는지 물으라.
- 환자 혹은 내담자의 해석이 원하는 결과를 얻는 데 유익했는지 혹은 무익했는지 물으라.
- 만약 무익하다면, 어떠한 대안적 해석들이 도움이 될 수 있는지 물으라.
- 환자 혹은 내담자의 행동이 원하는 결과를 얻는 데 유익했는지 혹은 무익했는지 물으라.
- 만약 무익하다면, 어떠한 대안적 행동이 도움이 될 수 있는지 물으라.
- 환자 혹은 내담자가 부적응 패턴(1~10척도)과 과정을 변화시키는 것이 얼마나 중요한지 질문하라.

4. 회기가 끝나기 전 대략 5~8분 동안에, 회기와 회기 사이의 활동(과제)에 대한 상호-동의가 설정된다. 그다음에 동기면

접(MI) '중요' 그리고 '확신' 질문들과 대답들이 진행된다. 마지막으로, 그 회기에서의 치료관계의 효과성이 회기평정척도(Session Rating Scale: SRS)로 평가되고 치료자가 얼마나 더 책임감이 있었는지가 처리된다.

제니퍼 사례

다음 사례는 주요우울장애 환자의 구조화된 10회기에서 아들러 패턴-초점치료의 적용을 요약한 것이다. 10회기의 전체 기록이다.

배경

제니퍼는 낮은 기분, 감소된 기쁨, 그리고 줄어든 동기의 증상을 보이는 21세의 대학생이다. 이러한 증상들은 3주 전에 시작되었고, 이렇게 기분이 저하된 것은 처음이다. 그녀는 대학과정에서 늘어나는 부담감과 마감기한이 그녀의 스트레스의 원인이 되었고 그녀가 해야 할 일들에서 뒤처지지 않기 위해 동료들로부터 그녀를 고립되도록 이끌었다고 보고하였다. 그녀는 그녀의 부모를 실망시키는 것을 원하지 않기 때문에 이러한 것들을 부모에게 말하는 것이 너무 당혹스럽다. 그녀는 또한 평소보다 피곤함을 더 빨리 느낀다고 말하고, 이것이 법률가가 되기 위한 그녀의 진로를 망칠 수 있다는 것을 우려한다. 이는 그녀의 최근 기분과 학교성적에 대하여 지나친 죄책감을 느끼게 하였다. 그녀는 대학 2학년이고 소프트볼 팀과 여러 스터디 그룹들을 포함한 많은 공식적 학교 이벤트에 참가한다. 법학을 전공하고 있으며 3.9의 성적을 유지하고 있고, 교내 편의점에서 파트타임으로 일하고 있다.

진단소견

제니퍼는 296.22(중등도) 주요우울장애, 단순삽화 9개 기준 중 6개를 충족하고 있다. 또한 그녀는 강박성 성격장애를 보인다. 한 가지 기준을 제외하고 강박성 성격장애의 진단기준을 충족하고 있다. 제니퍼는 PHQ-9를 시행하였는데, 거기에서 그녀는 중등도 우울을 나타내는 13점수를 받았다.

가족구도

제니퍼는 세 자녀 중 맏이이고, 그들은 각각 두 살 터울이다. 그녀는 부모가 열망했던 기준에 충실하였지만, 그녀의 부모는 그녀를 가끔 동생들과 비교하였다. 그렇지만 그 기준은 그녀에게는 매우 높은 기준이었다. 부모는 그녀가 높은 학점을 유지하고 많은 특별활동에서 탁월하기를 기대하였다. 그녀는 아빠처럼 성공적이고 완벽주의적인 사람이 되는 것으로 그 자신을 기술하였다. 그녀는 형제자매들을 괜찮지만 때로는 골칫거리라고 기술하였다. 그녀의 부모들은 서로 좋은 관계를 유지하고 있고, 그녀의 아빠는 주요한 가장으로 기술된다. 그녀의 부모는 서로를 비난하는데, 그녀의 아버지는 어머니가 시간 관리 기술이 부족하다고 하고, 그녀의 어머니는 아버지가 그의 일에만 전념하는 것에 대해 근본적으로 비난한다고 그녀는 진술하였다. 그녀의 부모는 이러한 갈등들을 결코 풀려고 하지 않고 그것들에 대해서 이야기하는 것을 주로 회피하였다고 그녀는 부연하였다. 그녀의 가족은 성취하고 성공하는 것에 가치를 두는 것 같다. 따라서 그녀는 대학에 가서 경영, 법학 혹은 의학을 전공할 것으로 예상되었다. 그녀는 항상 형제자매들 중에 가장 체육을 잘하였으며 최고의 학점을 받았다고 진술하였다. 그녀의 막내 동생과 복잡한 관계를 맺고 있는 것 같은데, '그녀가 너무 태평스러워 걱정을 하지 않는 성향' 때문에 그녀를 부러워하는 것과 '그녀가 무지하기' 때문에 그녀에게 짜증 내는 것 사이에서 혼돈을 경험한다.

초기기억

- **치료 전 초기기억**. 첫 회기에 두 개의 회상이 보고되었다.

1. 6세 때: 나는 일주일 내내 하루에 몇 시간씩 블록으로 높은 탑을 쌓으면서 보냈다. 다음날 내가 학교에서 집으로 돌아왔을 때 내 여동생이 그것을 부숴 놓았다. 나는 그녀를 밀어 넘어뜨렸고, 아버지는 나에게 주어지는 특전을 박탈하는 처벌을 하였다.
   ⇨ **가장 생생한 장면**: 나의 탑이 마루에 산산조각 나 있는 것
   ⇨ **느낀 감정**: 속상함과 화남, 그러나 그것을 표출하지 않음
   ⇨ **생각**: 폐허이고, 내 여동생이 나를 괴롭히고 나는 처벌받고, 그건 불공정하다.
2. 8세 때: 나는 학교의 음악 독주회에서 바이올린 독주를 하고 있었고 두 번의 사소한 실수를 하였다. 그 후로 아버지는 충분히 연습하지 않은 것에 대해 나를 꾸짖었다.
   ⇨ **가장 생생한 장면**: 실수를 하는 장면
   ⇨ **느낀 감정**: 당혹감, 슬픔, 걱정
   ⇨ **생각**: 나는 열심히 연습했으나 실수를 하였다. 나는 그것을 견딜 수 없다.

- **초기기억 해석**

제니퍼의 초기회상은 그녀의 성취, 완벽주의, 그리고 지나친 양심가책의 강박적 패턴과 일치한다. 첫 번째 회상에서, 그녀의 수고가 '박살' 나고, 그녀가 여동생을 '밀어뜨린 것'에 대해서 그녀는 처벌받는다. 두 번째 회상은 과도하게 높은 요구와 타인으로부터 정서적 지지의 결핍에 그녀의 우울반응을 예상할 수 있다. 이것은 일의 완결을 방해하는 지나친 양심의 가책과 완벽주의의 경향의 관찰된 부적응 패턴과 일치하고 확증한다.

사례개념화 자료

호소한 문제: 낮은 기분, 감소된 즐거움, 줄어든 동기, 학교 수행에 대한 죄책감

내재된 문제: 학업에 대한 초점이 증가된 후의 사회적 고립

패턴: 손상된 효율성에 대해 지나치게 양심적임

사전성향

- **생물학적 요인**: 외삼촌은 우울증 약물치료를 하였다.
- **심리적 요인**

> **성격유형**: 강박적 성격유형
>
> **자기-타인 도식**
>
> **자기관**: "나는 일을 똑바로 처리하고 실수하지 않아야 한다."
>
> **세계관**: "삶은 부담스럽고 불공정하다. 당신이 세세하게 주의를 집중하지 않으면 일들은 잘못될 수 있다."
>
> **삶의 전략**: 나는 열심히 일하고, 높은 기대를 충족시키고 완벽을 추구해야 한다.
>
> **기술결핍**: 스트레스 관리, 시간관리

- **사회적 요인**: 사회적 고립(지금), 어릴 때 그녀에게 부과된 높은 기대, 형제, 자매와 어울리기 어려움(과거)

지속된 문제: 사회적 고립, 자신에 대한 불합리한 기대, 학교로부터의 요구, 기대에 부합하는 것에 대한 죄책감

■ **치료 후 초기기억.** 두 가지 회상이 마지막 회기(10회)에 보고되었다.

1. 6세: 나는 레고로 높은 탑을 쌓았다. 다음날 학교에서 집으로 돌아오니 나의 어린 여동생이 그것을 부숴 버렸다는 것을 알게 되었다. 그러나 엄마는 그것을 함께 복구하도록 나를 도와주었다.

   ⇨ **가장 생생한 것**: 엄마와 함께 그것을 다시 맞추는 것

   ⇨ **느낌**: 좋다.

⇨ **생각**: 엄마의 도움과 정서적 지지를 받는 것이 좋다.

2. 8세: 나는 매일 한 시간 동안 웅변을 연습했다. 그때 웅변 선생님께서 내가 전교생 앞에서 웅변을 하기로 선정되었다고 말했다.

⇨ **가장 생생한 것**: 웅변하기로 선정되었다고 듣게 된 것

⇨ **느낌**: 흥분과 감사

⇨ **생각**: 나는 나의 생활에서 강박적이지도 균형을 잃지 않고 이것을 완성할 수 있었다.

■ **초기기억 해석과 치료결과**

제니퍼의 초기회상의 두 번째 해석은 치료에서 이루어진 변화를 반영한다. 치료결과로서, 그녀는 더 이상 우울증상을 경험하지 않고 그녀의 초기회상은 더 균형되고 건강한 자기-타인도식(자기관과 세계관)을 보여 준다. 예상대로, 그것들은 합리적으로 양심적인 보다 더 적응적인, 즉 그녀의 삶에 덜 완벽주의적이고 더 균형잡힌 그리고 만족스러운 삶의 전략 혹은 패턴으로의 관찰된 전환 혹은 변화와 일치한다.

5) 결론

이것은 아들러 패턴-초점치료의 치료매뉴얼이다. 이 매뉴얼의 주요 목적은 아들러 치료의 증거기반의 지위를 얻기 위한 필요조건인 임상치료를 안내하는 것이다. 그것은 또한 이 치료적 접근을 학습할 때 치료자들과 수련 중인 치료자들을 훈련하는 데 사용될 수 있다.

매뉴얼은 아들러 패턴-초점치료의 가정, 구성요소들, 그리고 치료적 요소들뿐만 아니라 아들러 치료에서 이 접근의 기원을 기

술하고 있다. 또한 매뉴얼의 실제적인 수련을 위한 지침들뿐만 아니라 그것의 지속기간, 형식, 회기의 숫자와 길이, 그리고 회기의 형식을 포함하는 매뉴얼의 전반적인 구조에 관한 이 표준화된 접근을 정의한다.

4장
아들러 상담기법

식물에게 물과 태양이 필요하듯, 우리에게 격려가 필요하다.

- Rudolf Dreikurs

아들러 상담의 개략적인 과정은, ① 내담자와 좋은 상담관계를 형성하고, ② 내담자의 생활양식을 평가하며, ③ 이를 통해 내담자가 자기이해와 통찰을 하도록 촉진하여, ④ 대안적인 신념과 행동을 취하여 새로운 방향으로 나아가도록 하는 것이다(노안영, 강만철, 오익수, 김광운, 정민, 2011). 이러한 아들러 상담의 과정을 효과적으로 이끄는 모든 기법은 곧 아들러 상담기법으로 채택되고 활용된다. 아들러 상담이론은 인지행동주의적 상담, 현실상담, 교류분석, 실존주의 상담, 인간중심상담, 구성주의적 상담 등 대부분의 현대 상담이론에 직간접적으로 영향을 주었거나 관련이 있기 때문에(노안영 외, 2011), 아들러 상담기법과 다른 상담이론의 기법이 엄격하게 상호 배타적이기 어렵다. 따라서 다른 상담이론에서 제안된 상담기법이더라도 아들러 상담의 원리에 부합하고 아들러 상담의 과정을 효과적으로 촉진할 수 있다면 아들러 상담의 기법으로 활용될 수 있다.

여기서 유의할 점은 상담기법 자체보다는 상담기법을 잘 활용할 수 있어야 한다는 것이다. Carlson과 Slavik(1997, p. 2)이 편집한 책인 『Techniques in Adlerian Psychology』에 다음과 같은 재미있는 이야기가 실려 있다. 어느 날 패튼 장군이 매우 중요한 임무를 수행하려고 차를 몰고 가고 있었는데, 갑자기 차의 시동이 꺼지고 차가 멈추어 섰다. 아무도 차를 움직이게 할 수 없었다. 군대 정비사들이 고치려고 노력했지만 고칠 수 없었다. 누군가가 이 동네에 무엇이든 잘 고치는 정비사가 있다고 말을 꺼내, 그에게 장군의 차를 고칠 수 있는지 물어보기로 했다. 그 정비사는 장군의 차를 세밀하게 살펴보더니 고칠 수 있다고 하였다. 수리비용으로 100달러를 요구했다. 패튼 장군은 차가 고쳐지면 100달러 이상도 지불할 마음이 있었다. 동네 정비사가 자기 차로 가서 망치를 들고 나오더니, 망치로 패튼 장군의 차의 엔진을 꽝 때렸다. 그리고 나서 시동을 걸어 보라고 하였다. 시동이 곧바로 정상적으로 걸렸다. 지역 정비사는 100달러를 달라고 하였다. 패튼 장군은 정비사를 바라보면서 겨우 엔진을 망치로 한방 때린 값으로 100달러나 지불해야 하느냐고 했다. 이에 정비사는 다음과 같이 말했다. "아닙니다. 장군님 차의 엔진을 망치로 때린 것은 무료입니다. 100달러는 어디를 때리는지 아는 값입니다." 이 이야기는 상담을 하는 데 기법을 사용하긴 하지만, 기법자체보다는 기법을 언제, 어디서, 어떻게 사용해야 하는지를 아는 것이 중요함을 알려 준다.

상담기법을 잘 사용하는 것은 내담자가 자신의 목적, 사적 논리, 목적을 성취하는 방법, 목적이나 방법의 있을 수 있는 부정적 결과 등을 이해하도록 돕는 것이다. 상담기법을 잘못 사용하는 것은 내담자를 특정한 방향으로 몰아가는 것이다. 전자는 내담자가 자신의 삶에서 더 많은 새로운 선택을 하게 하지만, 후자는 내담자의 선택을 제한하게 한다. 우리는 내담자에게 특정한 결과가 나오는 것을 목표로 하여 상담기법을 사용하는 상담자가 아니라, 내담자를 더 잘 이해하기 위하여, 내담자가 자신을 더 잘 이해하도록 돕기 위하여 상담기법을 사용하는 상담자가 되어야 할 것이다.

이전의 책 『개인심리학 상담원리와 적용』(노안영 외, 2011)에서 여러 아들러 상담문헌들에 나와 있는 상담기법들을 모아 소개한 바 있다. 여기에서는 Carlson, Watts와 Maniacci(2006), Carlson과 Slavik(1997)이 소개한 상담기법을 중심으로 그리고 새로운 문헌과 자료에서 찾은 몇 가지 상담기법을 추가하여 이전의 자료를 보완한다. 아들러 상담자들은 경청하기, 지지하기, 감정 반영하기를 가장 기본적인 상담기법으로 사용하면서 상황에 따라 적합한 다양한 상담기법을 활용한다(Carlson, Watts, & Maniacci, 2006).

1. 상담관계 맺기

1) 나-너 관계(I-Thou relationship) vs. 조종(manipulation)

내담자는 어떤 이론이나 기법을 우선시하는 상담자보다는 자신을 우선시하는 상담자에게 방어기제를 내려놓고 자신을 내보일 것이다. 상담자는 미리 정해진 도식에 따라 내담자의 행동을 재단하려는 모든 시도를 버리고, 우선 내담자와 평등하고 정직한 나-너의 관계를 맺으려고 해야 한다. 행동을 조종하기 위한 상담기법만을 우선시하면 상담자가 배제된 '상담기계'를 개발하여 사용하면 될 것이다. 여러 상담성과연구를 검토하면서 '상담자가 무엇을 하느냐보다는 어떤 사람인지가 중요하다.'고 한 유성경(2018, p72)의 제언은 주목할 만하다. 상담 초기에 내담자가 상담자를 안전하고 신뢰할 수 있는 사람으로 지각하는 것은 상담관계를 형성하고 상담의 성과를 내는 데 큰 영향을 미친다.

2. 상담 초기에 내담자를 상담에 참여시키기

아들러 상담자는 내담자와 평등한 관계를 맺고 협력적인 상담을 하려고 한다. 상담 초기에 다음과 같은 기법을 통하여 내담자가 상담에 참여하고 적응해 가도록 할 수 있다.

1) 요약 제공하기

많은 아들러 상담자는 상담을 시작하면서 내담자에게 다음과 같은 두 가지 요약을 제공한다. 첫 번째 요약은 초기 면접 자료의 요약물이다. 여기에는 내담자 정보, 제기한 문제, 배경정보, 현재의 기능, 상담에 대한 기대, 임상적 요약(진단과 상담계획 포함) 등이 담긴다. 이러한 과정은 내담자와 상담자가 서로 맞는지, 함께 작업할 수 있는지, 초기 면접 자료에 동의하는지 등을 확인하는 데 도움을 준다. 두 번째 요약은 생활양식 면접에 관한 것이다. 여기에는 가족구도, 초기기억, 기본적 오류, 자산과 강점에 관한 요약을 포함한다.

2) 연결하기

내담자가 상담에 참여하고 적응하게 하는 또 다른 방법은 내담자가 연결하도록 돕는 것이다. 즉, 내담자의 삶에서 기대하는 것과 실제 경험하는 것이 어떻게 관련되는지 연결하도록 한다. 기대하는 것은 생활양식 요약과 관련 있고 경험하는 것은 초기 면접 자료와 관련이 있다. 또 다른 연결하기는 증상과 자기보호 기제의 연결이다. 이들이 생활양식과 초기 면접 자료와 어떻게 관련되는지 알아본다.

3. 내담자의 문제를 진단하기

아들러 상담자는 내담자가 보이는 증상이 신체적인 원인으로 발생한 것인지 아니면 심리적인 원인으로 발생한 것인지를 탐색하기 위하여 기본적으로 다음과 같은 두 가지 기법을 사용한다.

1) 질문

초기 면접에서, 상담자는 내담자에게 "이러한 증상이 없어진다면, 당신의 삶에서 무엇이 달라지는가?"라고 묻는다. 대체로 내담자는 다음과 같은 세 가지 반응 중 하나를 하게 된다. 한 반응은 심리적으로 발생한 증상을 반영한다. 공황과 불안증상을 예로 들면, "이러한 공황장애가 없어지면, 무엇이 달라질까요?"라고 물었을 때, 내담자가 "일하러 나갈 수 있을 것 같아요."라고 응답하였다면, 내담자의 공황은 사회적 목적을 드러낸다. 세 가지 생애과제 중 하나를 피하고 있는 것이다. 이런 경우 상담자는 내담자가 일을 더 잘 준비하도록 도울 것이다. 또 하나의 반응은 신체적으로 발생한 증상을 나타낸다. 내담자가 "잘 몰라요. 가슴의 압박감과 짧은 숨을 느끼지 않게 되겠지요."라고 응답한다면, 이 증상은 사회적 목적이 있어 보이지는 않는다. 생애과제를 의도적으로 피하고 있지는 않다. 이 경우, 의료전문가에게 의뢰하는 것이 마땅하다. 또 다른 반응은 복합적인 반응이다. 처음에는 신체적으로 발생하였으나, 사회적 목적을 위해 이용되는 경우이다. 내담자가 "가슴의 압박감이나 짧은 호흡을 느끼지 않게 되겠지요. 그리고 제 일에 집중할 수 있을 거예요."라고 반응할 수 있다. 의료전문가에게 의뢰되어야 하지만, 신체적인 병리를 자신의 생애과제를 회피하는 데 이용하고 있을 수 있다.

2) 생활양식 신념과 증상의 일치 여부

내담자의 증상이 생활양식과 일치한다면, 증상은 심리적으로 발생되었을 가능성이 크다. 그렇지 않다면 신체적으로 발생되었을 가능성이 크다. 예를 들어, 다른 사람을 기쁘게 하려는 사람은 자신보다는 다른 사람을 돌보아야 한다는 신념을 가질 수 있다. 이런 사람은 다른 사람들을 밀어내거나 그 사람들 눈에 비추어 나쁘게 보이는 행동을 하지 않을 것이다. 만약 다른 사람을 밀어낸다면, 무언가 잘못된 것이다. 또는 상황적 압박을 엄청나게 받고 있거나(예, 누군가 머리에 총을 겨누고 있는 경우), 신체적으로 아파서(예, 공격성이 뇌종양의 이차적인 것일 수 있다.) 그럴 수도 있을 것이다. 즉, 내담자의 증상이 생활양식 신념과 일치하면 심리적으로 생겨난 것이지만, 일치하지 않으면 상황적 또는 신체적인 원인일 수 있다.

4. 생활양식 평가하기

아들러 상담은 기본적으로 가족구도와 출생순위, 초기기억을 통하여 내담자의 생활양식을 평가하기 위한 자료를 수집한다. 상담자는 내담자의 원가족에 대한 기억에 기반하여 면담을 진행한다. 상담자는 먼저 내담자에게 형제에 대해 물으면서, 내담자는 형제들과 얼마나 비슷하거나 다른지 탐색한다. 다음으로 부모의 영향에 대해 물으면서, 내담자가 지각한 출생순위 또는 서열, 가족 간 상호관계, 가족의 분위기 등을 탐색한다. 그리고 내담자의 어린 시절의 신체적, 성적, 사회적 발달과 학교생활에 대해 묻는다. 또한 내담자의 지역사회와 사회경제적 지위 등도 탐색하여 보다 큰 세상에서 내담자 자신과 가족의 지위에 대해 어떤 견해를 갖고 있는지 알아보려고 한다. 면접의 마지막 단계에서는 초기기억을 수집한다. 10세 이전의 초기기억이 선호되며 3~8개의 초기기억을 수집한다. 이러한 자료들은 내담자 자신의 행동 패턴, 자신과 세상을 보는 방식에 관한 생활양식에 대해 잠정적인 가설을 생성하는 데 활용된다.

5. 내담자의 행동을 해석하기

1) 가설적 해석

가설적 해석을 사용하는 목적은 내담자에게 행동에 대한 설명이 하나 이상 있을 수 있음을 전하고, 상담자는 이러한 설명이 정확한지 내담자의 생각을 확인하고 싶어 한다는 것을 전하려는 것이다. 가설적 해석은 다음과 같이 잠정적인 표현을 사용한다. '~라고 할 수 있을까요?(Could it be…)' '내 추측으로는 ~(I have a guess that…)' '~가 가능할까요(Is it possible that…)'

2) 목적, 감정, 맥락으로 해석하기

아들러 상담은 인간의 행동을 목적론의 관점에서 이해하려고 한다. 따라서 아들러 상담자는 내담자의 행동이 지향하는 목적의 면에서 내담자의 행동을 해석한다. 더불어 내담자의 행동을 해석할 때, 수반하는 감정과 상황적 맥락의 요소를 포함한다. 다음 사례를 살펴보자(Carlson & Slavik, 1997, p. 20). 20세 여성이 부모와 함께 살고 있는데, 부모에게 완전히 지배받고 있다. 집을 떠나려는 내담자를 부모가 완전한 억압하여 내담자는 우울과 자살상념을 보이고 있다. 상담회기 중 내담자의 우울은 감소하였으나, 부모의 강압적인 요구와 압박을 언급하고 10분간 침묵에 빠졌다.

침묵 중 편안해 보였고 기분 좋은 흥분과 만족감이 있어 보였다. 침묵 후, 내담자는 가슴과 머리에 얼얼함이 있었고 신체적으로 생동감을 느낄 수 있었다고 보고하였다. 이 사례에 대해 목적, 감정, 맥락의 요소를 포함하여 다음과 같은 해석이 가능하다. 내담자의 침묵 행동은 부모에 대해 항의하는 것이고, 독립을 주장하는 것이며, 부모에게 의지하지 않는 자기 나름의 사람이 되고 싶어 함을 나타낸다(목적-지향성). 특히 부모가 지배적인 모습인 장면에서 그렇다(상황적 맥락). 이에 수반하는 감정은 목적과 관련하여 내적인 흥분, 기분 좋은 얼얼함, 생동감(감정)일 수 있다.

6. 갈등 해결하기

아들러 상담자는 갈등을 개인의 심리내적인 힘에서 나온 것이 아니라, 사람 간 또는 사람과 상황 간에서 생긴다고 본다. Dreikurs는 갈등에 대한 아들러 학파의 관점을 잘 보여 주었다. Dreikurs는 내담자에게 가슴 부근에서 손을 잡고 가능한 한 강하게 당기면서, 무엇이 일어나는지 알아차려 보라고 한다. 손은 중앙에 머물러 있어 오른쪽이건 왼쪽이건 움직이지 않는다. Dreikurs는 손이 왜 어느 한쪽으로 움직이지 않는지 물어본다. 내담자는 '똑같은 반대 힘' 때문이라고 말할 것이다. Dreikurs는 미소를 지으며 그 연습을 그의 말에 따라 다시 해 보라고 한다. "왼쪽으로 당기세요. 자, 오른쪽으로." 손이 움직일 것이다. 손이 똑같은 반대 힘 때문이 아니라 내담자가 그렇게 하기로 선택하였기 때문에 중앙에 있는 것을 깨닫게 한다. 사람들은 단순히 자신이 그러한 선택을 하고 있음을 인식하지 않은 것이다. 사람들은 왜 내적 갈등을 하기로 선택하고 있는가? 그 이유는 어느 한쪽을 선택하는 것이 자신의 신념 중 하나를 위협한다고 보기 때문이다. 예를 들어, 내담자에게 아내와 여자친구가 있다고 하자. 그는 갈등되어 어느 한쪽을 선택을 할 수 없다고 보고한다. 아들러 학파는 이 갈등을 해결하는 것은 그를 위험에 빠지게 할 것이라고 말한다. 내담자는 아무도 자신을 거부하지 않아야 한다고 믿는 관심추구자일 수 있기 때문이다. 그가 갈등 중에 있는 한, 아내와 여자친구 모두와 관계를 유지할 수 있는 것이다. 갈등해결을 돕기 위해 다음과 같은 기법을 사용할 수 있다.

1) 빈 의자 기법

게슈탈트치료 기법으로 알려져 있는데, 아들러 상담에서 먼저 언급된 것이다. 이 기법은 단순하고 효과적이다. 두 개의 빈 의자를 내담자에게 제시하고 각 의자에 앉아 잠정적인 결정에 대한 찬반을 논의하도록 지시한다. 한 의자는 찬성을, 다른 의자는 반대를 대표한다. 내담자에게 각 의자에서 논의하면서 드는 느낌을 표현하도록 한다. 내담자가 "다 했어, 더 다른 이유를 생각할 수 없어."라고 말할 때까지 빈 의자 기법을 적용할 수 있다. 이때 내담자가 어느 쪽으로 결정해야 하는지 알 수 없다고 말하더라도, 마지막으로 앉아 있던 의자는 내담자가 앞으로 하려는 행동방향을 반영한다. 아들러 학파는 마지막 앉아 있던 의자가 내담자의 내면적인 목적을 반영한다고 믿는다.

2) 이중구속 해제하기

Bateson 등이 제안한 이중구속은 두 개의 갈등적인 메시지를 나타내는 의사소통을 감수하는 상황을 말하는데, 마치 두 마리 토끼를 동시에 좇으나 아무것도 잡을 수 없는 시도라고 할 수 있다. 아들러 상담에서는 이중구속을 '두 주인'을 기쁘게 하려는 데서 생기는 갈등으로 생각한다. 이는 열등감을 나타내는 것으로서 과제보다는 자기에 초점을 맞추고 있는 것이다. 따라서 자기-지향이 아니라 과제-지향에 초점을 둠으로써 이중구속을 벗어나게 한다. 예를 들어, 내담자는 아내와 함께 파티에 가면 아내를 기쁘게 해 줄 수 있으나, 자신은 재미없을 것이라고 말한다. TV의 야구경기를 보지 못하기 때문이다. 그가 집에 머물러 야구경기를 본다면, 자신은 기쁘겠지만 아내는 기쁘지 않을 것이다. 내담자는 무엇을 해야 할지 갈등하며, 스스로 만든 이중구속에 빠져든다. 어떤 결정을 하든, 잃게 되는 것이 있다. 상담자는 내담자에게 그의 갈등에는 목적이 있음을 지적한다. 내담자가 오랫동안 따져 보면서 고통스러워하면, 아내는 그에게 동정심을 갖게 되고 그를 집에 있도록 해 줄 것이다. 게다가 결정하는 데 너무 많은 시간이 걸리면, 아내는 그를 놔두고 혼자 외출할 수 있다. 그러면 내담자는

"당신은 나를 비난할 수 없어. 당신이 투덜거리며 나갈 때 나는 결정하려고 했어."라고 말할 수 있다. 상담자는 "자, 당신 말에 따르면, 어떻게 결정하든지 당신이나 아내가 고통받게 되군요. 답은 고통이 없는 대안을 발견하는 것이 아니군요. 이는 어떤 고통을 원하는 것인가요? 나의 고통 아니면 아내의 고통이라고 자신에게 묻는 것이군요."라고 말한다. 즉, 고통을 기정사실화하고, 고통을 완화하는 것에 초점을 두어 해결할 수 있는 상황으로 재구조화하는 하는 것이다.

3) 확률게임

자기충족적 예언과 같이 예견한 대로 이루어진다는 관점을 활용한 게임이다. 미래의 어느 시점에서 어떤 행동을 할 확률을 예견하도록 한다. 예를 들면, 아내와 여자친구 사이에서 갈등을 하고 있는 남자가 있다고 하자. "일 년쯤 후, 길거리에서 당신을 만나게 된다면, 당신이 아내에게 돌아가고 다른 여자를 만나고 있지 않을 확률은 얼마나 될까요?"와 같이 묻는 것이다. 내담자가 아내에게 돌아갈 확률을 75 : 25로 대답한다면, 상담자는 확률적으로 내담자의 의도를 알게 되는 것이다. 이러한 과정은 내담자가 의사결정을 하는 데 어느 정도 시간이 필요한지를 알아내는 방법이 되기도 한다. "좋아요. 지금부터 여섯 달 후에는 어떨까요?" "예, 60 : 40" "세 달 후는요?" "50 : 50" 이와 같은 대화의 과정에서 적어도 세 달 내에는 아내에게 돌아갈 의사가 없음을 알 수 있다. 이러한 방식으로 상담자는 내담자에게 자신의 의도를 알도록 할 수 있다.

7. 다른 관점 취하기

정신병리의 가장 기본적인 모습은 자기중심성이다. 내담자는 흔히 공동체 의식이나 사회적 관심이 부족하여, 나-그들의 이분법적인 모습을 반복적으로 보이면서 문제를 야기한다. 따라서 내담자에게 다른 사람의 관점을 보여 줄 필요가 있다. 이를 위한 몇 가지 기법은 다음과 같다.

1) 가치위계

가치 있는 것의 순서를 내림차순으로 적게 하는 것은 관점을 넓히는 간단한 방법이다. 부부간 나의 가치 위계와 배우자의 가치 위계를 각자 적어 서로 비교해 보는 것도 서로를 이해하는 데 도움이 된다. 또는 아들러 학파에서 중요시하는 생애과제(직업, 사랑과 결혼, 우정, 잘 지내기, 생의 의미 찾기, 레저와 레크리에이션, 부모역할 등)에 대해 각자 가치를 평정하여 서로 비교할 수 있다.

2) 사회적 결과

내담자가 고집스럽게 고질적인 신념을 고수한다면, 아들러 학파는 모든 사람이 똑같은 고질적인 신념을 주장한다면 어떤 일이 일어날 것인지 생각해 보라고 요청한다. 예를 들어, 내담자가 자신의 입지를 만들기 위하여 모든 것에서 뛰어나야 한다고 믿는다면, 상담자는 모든 사람이 그런 신념을 갖고 있다면 어떤 일이 일어날 것인지 묻는다. 사적 논리를 사회적 맥락에서 살펴보도록 하여 내담자의 관점을 변화할 수 있도록 한다.

3) 신보다 높은 기준

이 기법은 거부에 과도하게 민감한 내담자에게 특히 효과적이다. 이들은 거절당하는 것을 끔찍하고 죽기보다 싫다고 할 수 있다. 내담자가 신앙심이 깊다면, 다음과 같이 물어볼 수 있다. "당신은 신을 믿습니까? 믿는다면, 신이 가장 완전한 존재임도 믿습니까? 모든 사람이 신을 사랑합니까? 그리고 이들은 항상 신을 사랑합니까? 무신론자도 있습니까? 완벽한 신이라 하더라도 모든 사람이 항상 다 받아들일 수는 없지요? 신이 무신론자들을 용인하다면, 당신도 그럴 수 있습니까? 그렇지 않다면, 당신은 신보다 더 높은 기준을 가지고 있습니까? 어느 누구도 당신을 거부할 수 없습니까?" 이러한 기법은 내담자의 비현실적이고 도달할 수 없는 목적을 볼 수 있게 한다.

4) 어떤 것을 행하지 않은 채 남겨 두기

특히 강박적인 내담자에게 효과적인 기법인데, 내담자의 목적이 효과 없음을 다음과 같은 방식으로 언급한다. "당신이 얼마나 많은 시간을 사용하든, 얼마나 열심히 일하든, 당신이 죽는 날에도 남겨져 있는 것들이 있다. 당신이 내일 죽는다면 무엇을 남겨 둘 것인가를 결정하는 것이 어떤가?" 권위 있는 인물을 기분 상하게 할까 봐 걱정이 많은 젊은이에게 죽는 날까지 여전히 기쁘게 할 수 없을 것 같은 사람이 누군가라고 묻는다. 아버지라고 대답하면, 상담자는 다음과 같이 반응할 수 있다. "당신이 결코 아버지를 기쁘게 할 수 없다면, 왜 오늘 그런 노력을 그만두지 않는가?" 이는 아버지와의 관계에서 전환점이 되기도 한다.

8. 직면기법

직면은 해석과 더불어 내담자가 잘못 설정한 기본 가정과 목표를 깨닫게 하는 기법이다. 해석과 직면의 주요한 차이는 해석은 즉각적인 반응을 요구하지 않지만, 직면은 즉각적인 반응을 요구한다는 점이다. 아들러 학파는 내담자와 좋은 관계를 유지하는 한, 내담자를 직면할 수 있고 직면해야 한다고 믿는다. 아들러 상담자는 직면을 통하여 내담자가 세상과 삶을 다루는 잘못된 방식을 알아차리도록 돕고자 한다. 예를 들면, "당신이 동생을 미워

한다면, 엄마가 당신을 사랑하지 않을 것이라고 생각했군요."라는 상담자의 재진술 반응에 다음과 같은 질문을 더하여 직면으로 끌어갈 수 있다. "얼마나 더 오랫동안 이런 식으로 생각하게 될까요? 당신이 동생을 미워한다면, 엄마가 당신을 사랑하지 않을 것이라고 얼마나 더 오랫동안 믿으려고 합니까?" 내담자의 감정, 숨겨진 이유, 사적 논리, 사적인 목적, 자기파괴적 행동, 좌우명 등 직면할 거리는 다양하다. 다음은 아들러 학파가 즐겨 쓰는 직면의 방법이다.

1) 언제?

변화하겠다는 생각이 아니라 실제로 행동하여야 상담은 성공할 수 있다. "지금이 아니라면, 언제?" "변화할 것이라고 말했지요. 언제?" "언제 시작하지요?" "왜 지금이 아니지요?" 등의 질문을 통해 행동변화를 강력히 촉진한다.

2) 즉각적인 행동을 직면하기

"지금 무엇을 하고 있는가?"와 같은 말로 내담자가 이 순간 하고 있는 것을 인식하게 한다. 흔히 언어적 행동과 비언어적 행동 간의 차이를 언급하게 된다. 8세의 여자아이가 가족과 함께 상담실을 찾았는데, 많은 상담자가 치료하지 못했던 머리를 움직이는 틱 때문이었다. 가족구성원들은 다른 사람들보다 '더 착한 사람'

이 되고자 하여 왔는데, 이 아이도 자신에게 착한 아이가 되는 목적이 있음을 알게 되었다. 그러나 한편 항상 순응해야 한다는 것에 저항하는 마음도 있음도 알게 되었다. 상담자가 직면하였다. "너의 입은 '예.'라고 말하지만, 너의 머리(내담자의 틱을 지칭)는 '아니요.'라고 말하는 것 같은데?" 그 후 틱이 없어졌다.

3) 내담자의 행동을 상담자와 관련 짓기

앞의 즉각적인 행동을 직면하기와 같은데, 상담자의 감정과 반응을 이용하는 것이다. "당신은 나와 싸우려고 하고 있군요. 그게 당신이 원하는 것입니까?" "나 자신에 대해 불만스럽고 도전받는 느낌인데, 이게 당신이 나에게서 끌어내려고 하는 것입니까?" "나는 혼란스러운데, 당신이 의도한 바입니까?"

4) 타인의 반응에 대해 책임감 갖게 하기

다른 사람들이 내담자에게 반응하는 방식에 대해 내담자에게 책임이 있음을 지적하는 직면기법이다. 내담자에게 자신의 행동이 타인의 반응유형을 일으킨다는 것을 알게 하는 것이다. Shulman(1972: Carlson & Slavik, 1997 재인용)이 제시한 사례를 보자. 내담자가 묻는다. "사람들은 왜 나를 함부로 대하지요? 나는 좋은 사람이 되려고 할 뿐인데요." 상담자가 답한다. "사람들이 당신을 함부로 대하기를 당신이 바라기 때문이지요. 사람들이 당신을 함부로 대하지 못하게 하는 것보다 함부로 대하도록 내버려 둔다면 당신이 좋은 사람이 되는 것이 훨씬 더 쉽지요. 그렇게 하도록 하는 것은 바로 당신입니다."

9. 역설적 전략

역설적 전략은 내담자가 힘들어하는 생각이나 행동에 의도적으로 관심을 가지고 과장하는 것이다. 이를 통하여 내담자가 어떻게 증상을 만들고 있으며, 이러한 증상이 어떤 목적으로 이용되고 있는가를 보여 주려고 한다. 역설적 전략의 몇 가지 예는 다음과 같다.

1) 역제의

Adler는 역설을 설명하기 위해 역제의(antisuggestion)란 용어를 사용하였다. Adler는 내담자에게 증상을 더 악화시키도록 지시하곤 하였다. 1900년대 초 비엔나에서는 매독이 주요 문제였다. 많은 남성 내담자는 매독공포증을 발달시켰다. 매독공포증 때문에 데이트를 거절하고 여성과 관계를 맺지 않았다. 어떤 사람은 매독에 걸렸다고 믿기도 하였다. 수많은 검사로 매독에 걸리지 않았음이 밝혀지더라도, 다른 사람에게 감염시키지 않기 위해 데이트를 하지 않으려 했다. 이들은 사랑의 과제를 회피하기 위하여 매독의 공포를 이용했다. 의사들마다 몇 번이고 매독에 감염되지 않았다고 말했지만, 내담자는 감염되었다고 굳게 믿기도 하였다. 이들이 Adler에게 와서 "모든 의사가 나는 안전하다고 말하지만, 그들이 무엇을 알겠어요? 만약 의사들이 틀렸다면 어떻게 해요? 내가 다른 여자에게 매독을 옮긴다면 내가 어떻게 살 수 있겠어요?"라고 말한다. Adler는 "예, 그래요. 아시다시피 검사가 아주 정확하지는 않지요. 당신이 매독에 걸렸을 수도 있어요. 당신이 그렇게 걱정하는 것이 현명한 거예요."라고 말했다. 그러자 내담자들이 반박하기 시작했다. "그렇지만 Adler 박사님, 모든 검사가 다 잘못될 수는 없잖아요. 내가 매독에 걸리지 않을 수도 있지요." Adler가 이들과 다툼을 멈추고 공포를 격려하자마자, 자신의 질병에 대해 의심하기 시작했다.

2) 증상을 쓰기

건강염려증을 보이는 내담자처럼 과도한 고충을 호소하는 내담자에게 증상이 일어날 때마다 증상을 쓰도록 요청한다면, 이는 부담되는 과제가 된다. "당신이 몇 가지 정보를 주면 도움이 될 것 같군요. 당신에게 요청합니다. 종이와 연필을 항상 가지고 다니면서 증상이 일어날 때마다 증상이 일어난 시각, 그때 당신이 한 일, 당신이 증상을 더 완화시켰는지 악화시켰는지에 대해 쓰세요. 다음 우리 만날 때, 이에 대해 이야기를 나누고 어느 정도 그 증상에 대해 이해할 수 있는지 알아보지요. 그러고 나면 우리가 증상을 없앨 수 있는지 어떤지 알 수 있을 것입니다." 이럴 경우 내담자들은 거의 다음 회기에 기록을 가져오지 않는다. "내가 그 증상 목록을 쓰게 되면, 다른 일을 할 시간이 없었을 거예요." "그럼 당신의 증상은 기록하는 과제보다는 중요하지 않다고 생각하는군요. 그러면 어떤 것이 더 중요하지요?" 이런 후에는 자신에 대한 책임감이나 관심추구와 같은 주제를 옮겨 갈 수 있을 것이다. 즉, 증상에 대한 호소를 멈추고 자신의 태도, 감정, 동기 등을 말하기 시작하게 된다.

3) 수프에 침 뱉기

당신이 누군가의 수프에 침을 뱉는다면, 그 사람은 계속 수프를 먹는 것을 선택할 수는 있겠지만 처음의 맛이 더 이상 있지 않을 것이다. 내담자가 자신의 증상의 목적을 이해하게 된다면, 여전히 증상을 이용할 수는 있지만, 바라는 효과는 상당히 상실하게 될 것이다. 즉, 내담자가 자기패배적 행동(수프)의 감추어진 동기를 인정하게 함(침 뱉기)으로써 그 유용성을 감소시켜 행동을 제거하는 기법이다. 한 내담자가 독심술을 하거나 꿈을 통해 예언하는 등 초자연적인 일을 할 수 있다고 주장한다. 이 내담자는 다른 사람과 어울리지 않는 이유로서 이를 이용한다. 그들은 자신과 다르며 자신을 이해하지 못할 것이라는 것이다. 상담자는 내담자가 그런 식으로 인정되기를 바라는 '특별한' 사람임이 분명하다고 해석해 주었다. 이러한 해석은 특별하고 우월하고자 하는 내담자의 목적을 드러내게 하였다. 그 후 내담자는 초자연적인 것에 대한 관심이 급속히 줄어들었고, 사회생활을 회피하는 변명으로 이를 이용하는 것을 중지하였다.

10. 격려전략

격려는 낙담의 반대이다. 아들러 학파는 내담자가 보이는 모든 역기능적 행동과 증상을 낙담의 결과로 간주한다. 따라서 상담의 전 과정에서 내담자를 격려하는 것을 가장 중요한 중재전략으로 내세운다. 격려(encourage)는 말 그대로 용기(courage)를 북돋는 것이다. 용기 있음은 결과가 불확실하더라도 위험을 감수하는 의지가 있음을 의미한다. 용기를 잃은 낙담한 사람은 위험을 감수하려고 하지 않으며, 열등감을 회피하는 데 지나친 관심을 보이며, 자신의 세계를 급격하게 좁혀 간다. 용기를 잃은 낙담한 사람에게는 격려가 필요하다. 아들러 상담은 곧 격려의 과정이다. 격려는 내담자가 자신의 가치를 알아차리도록 돕는 데 초점을 둔다. 즉, 내담자에게 세상에 그들의 자리가 있음을 보여 주고, 실패하더라고 소속감을 느끼도록 돕는다. 이를 위해 상담자는 내담자의 자기개념을 격려하거나 내담자의 자기이상을 격려할 수 있다. 즉, "참 수고했어."라고 말할 수 있는데, 이는 내담자가 수행한 일에 초점을 맞춤으로써 내담자의 자기개념을 격려할 수 있다. 또한 "이번에 실패했구나. 그렇지만 다음 번에는 성공할 거야."라고 말할 수도 있는데, 이는 내담자가 아직 수행하지 않은 것을 하도록 격려함으로써 내담자의 자기이상을 강화하는 데 도움이 된다. 격려하는 데 도움이 되는 전략의 예는 다음과 같다.

1) 과거의 경험

내담자가 과거에 도전적인 과제들을 성공적으로 다루었던 경험을 살펴봄으로써 격려할 수 있다. 걷고, 자전거를 타고, 길을 건너는 것 등을 배웠던 것들이 공통적인 예이다. "길을 건너는 것을 배울 때를 기억해 보세요. 어렸을 때, 길을 건너는 것이 얼마나 무섭고 위험했어요. 그러나 당신은 해냈잖아요. 그때 무서움 때문에 그만두지 않았지요. 지금도 그만두지 않아야 해요. 그때 보여 주었던 자신에 대한 믿음을 똑같이 지금 보여 주세요."

2) 마이너스를 플러스로

내담자가 마이너스로 지각하고 있는 것을 플러스로 재구조화할 수 있다. 내담자의 특성, 신념, 태도가 아니라 내담자가 이를 이용하는 방법이 고통의 원인임을 보여 준다. 내담자의 비판적인 태도를 의사결정을 회피하는 데 이용하는 대신 현명한 의사결정을 하는 데 이용한다면, 이러한 비판적인 태도는 좋은 판단의 표시일 수 있음을 보여 줄 수 있다. 내담자는 이러한 특성을 계속 보유할 수 있고, 이를 친사회적으로 이용하여야 할 뿐이다.

11. 변화전략

아들러 상담은 내담자의 지각적인 변화뿐만 아니라 행동적인 변화를 촉구한다. 내담자가 "머리로는 알겠는데 몸이 안 따라가요."라고 말한다면, 이는 내담자가 갈등상태에 있음을 말한다. 즉, 내담자는 변화하고 싶은 것이 아니라 상담자의 말을 듣고 있지만 여전히 자신의 방식대로 행동하겠다는 생각을 상담자에게 알리고 싶을 뿐이다. 행동변화를 촉진하는 몇 가지 기법은 다음과 같다.

1) '마치 ~처럼' 행동하기

모든 사람은 자신의 세계에 대해 인지도를 만들어 내고, 이 인지도는 삶을 살아가는 방법의 안내자로서 기능한다. 이러한 인지도는 모두 허구이다. 즉, 실제 세계와 닮을 수도 닮지 않을 수도 있는 구인일 뿐이다. 사람들은 이 인지도가 마치 실제인 것처럼 행동한다. Adler는 조심(caution), 불안(anxiety), 우울(depression)의 차이를 다음과 같이 기술하였다. 조심은 마치 두려운 것이 일어날지 모른다는 것처럼 행동하는 것이다. 불안은 마치 두려운 것이 일어날 것처럼 행동하는 것이며, 우울은 마치 두려운 것이 일어난 것처럼 행동하는 것이다. 점점 경직의 정도가 커지는데, 이는 모두 허구이고 목적이 있는 것이다. 상담자는 이러한 역동을 이용할 수 있는데, 내담자를 격려하여 마치 이러한 두려움이 일어나지 않을 것처럼 행동하도록 할 수 있다. 예를 들어, 내담자가 '내가 현실적인 사람이기만 했다면'과 같이 말한다고 하자. 다음은 상담자와 내담자의 대화이다.

상담자: 다음 주 동안 마치 현실적인 사람인 것처럼 행동하면 좋겠군요.

내담자: 어떻게 해야 할지 모르겠는데요.

상담자: 실제 생활에서나 영화, 또는 책에서 현실적인 사람으로 인상적인 사람이 누구입니까?

내담자: 예, 존 왜인.

상담자: 좋아요. 다음 주 동안 어떻게 해야 할지 모르는 상황에 있을 때는 언제나 존 왜인처럼 행동해 보세요.

내담자: 현실적인 사람이 아닌데 그렇게 하면 위조품이 되는 거잖아요. 위조품이 되기 싫어요.

상담자: 나는 당신에게 위조품이 되라고 말하고 있지 않습니다. 연극배우가 무대에 올라가 햄릿인 것처럼 행동한다면, 그를 위조품이라고 하지 않지요. 그는 마치 ~ 처럼 행동하고 있는 것이지요. 그것이 다음 주 동안 당신이 하도록 요청한 것입니다.

내담자: 좋아요. 그것을 하면 무엇을 입증할 수 있나요?

상담자: 이것은 아무것도 입증하지 않습니다. 당신이 마치 현실적인 사람인 것처럼 행동하는 것이 무엇인지를 경험하게 하는 기회를 주는 것이지요.

2) '마치 ~처럼' 생각하기

'마치 ~처럼' 행동하기에 앞서서 생각하는 단계를 갖도록 하는 것이다. 먼저 상담자는 다음과 같이 생각에 잠기게 하는 질문을 할 수 있다. "당신이 되고 싶은 사람처럼 행동하면, 당신은 어떻게 다르게 행동하게 될까요? 당신이 생활하는 모습을 담은 영상을 내가 보게 된다면, 무엇이 좀 다르게 보일까요?" 다음 단계에서 내담자와 상담자는 내담자가 바라는 목적을 지향하면서 하게 되는 행동을 나타내는 '마치 ~처럼' 행동목록을 함께 작성한다. 행동목록 작성 후에, 내담자는 난이도에 따라 '마치~처럼' 행동목록을 서열화한다. 다음 상담회기 전에, 내담자는 가장 난이도가 낮은 행동을 선택하여 실행에 옮긴다. 어느 정도 성공하게 되면, 내담자는 더 어려운 행동을 할 용기가 생길 것이다. 다음 상담회기에서 이전 상담회기에서 선정한 '마치 ~처럼' 행동의 실행에 대해 논의한다. 새로운 행동을 실행하면서 내담자는 자신과 다른 사람과 세상을 다르게 바라보게 된다. 내담자가 더 어려운 행동을 시도할 때, 상담자는 내담자를 격려하여 노력 면에서 성공하도록 돕는다.

3) 과업설정/숙제

내담자의 행동변화를 돕는 방법은 다양하고, 상담의 전 과정이 내담자의 변화를 촉진하는 것이긴 하지만, 내담자에게 과업을 설정하고 숙제를 부여하는 것도 좋은 방법이다. 과업은 회기 중에, 숙제는 회기 간에 하게 되는 것을 말한다. 간혹 예외가 있긴 하지만, 상담자는 내담자에게 회기 중에 그리고 회기 간에 할 일을 준다. 이는 같은 과제일 경우가 많다. 회기 중에 하는 연습으로 회기 간의 수행이 보다 용이할 수 있다. 상담계획에 부합한다면, 내담자에게 친구를 만나거나, 이완하거나, 더 열심히 일하거나, 책을 읽거나 또는 다른 무엇인가를 하도록 요청할 수 있다. "이번 주 동안 밖에 나가 세 사람과 의미 있는 만남을 가져 보세요." "전에 한 번도 말하지 않았던 것을 누군가에게 말해 보세요." 등과 같이 위험을 감수하는 행동을 하도록 할 수도 있다. 숙제의 결과, 내담자의 기대와 불안을 논의하는 것은 유익하고 격려가 된다.

12. 심상전략

심상은 동기화하는 효과적인 방법이다. 내담자는 자신을 어떤 방향으로 움직이는 심상을 만듦으로써 자신을 동기화하곤 한다. 내담자는 자신이 실패하거나, 거부당하거나, 자존심 상하거나, 상처받고 있는 것을 상상한다. 이러한 심상에 대해 작업하는 것은 건설적일 수 있다. 아들러 상담에서 주로 사용하는 심상기법은 다음과 같다.

1) 단추 누르기

Adler는 최초의 인지심리 상담자로 간주된다. 그는 생각이 정서와 행동에 영향을 준다고 믿었다. 생각을 변화시킴으로써 기분을 변화시킬 수 있다. 내담자에게 다음과 같은 실험을 한다. 먼저 즐거웠던 장면을 떠올려 보도록 하고, 다음 우울한 장면을 떠올려 보고, 다시 즐거웠던 장면을 떠올리도록 한다. 이러한 실험을 통하여 생각하는 것에 따라 느껴지는 것이 달라짐을 알게 하여 우울을 통제할 수 있음을 알게 하는 것이다. 내담자는 우울을 만들고 유지하는 데 책임이 있음을 배우게 된다. 그리고 내담자가 우울을 유지할 수 있기 때문에 우울을 제거할 수도 있다. 즉, 내담자가 즐겁지 않은 감정에서 즐거운 감정으로 변환할 수 있는 것이다. 내담자가 이러한 개념을 이해하면, 상담자는 내담자에게 두 가지 심상 단추(행복단추와 우울단추)를 집으로 가지고 가라고 한다. 행복단추를 누르면 내담자는 즐거운 생각을 하고 즐거운 느낌을 갖게 될 것이다. 다음 회기에서 여전히 우울하다면, 행복단추를 선택했어야 했는데 왜 우울단추를 선택했는지 물어본다. 이 기법은 우울을 벗어나는 데 도움이 되고 내담자에게 내적 통제소재를 회복시키고, 내담자가 자신의 상황에 대해 무엇인가를 할 수 있다는 희망을 준다.

2) 초기기억 재구성

초기기억은 생활양식을 평가하는 기법으로 사용되지만, 동기화를 위한 심상기법으로도 사용된다. "초기기억을 변화시킬 수 있다면, 어떻게 바꾸고 싶어요?"라고 물으며, 초기기억을 재구성할 수 있다. 초기기억은 전형적으로 내적 또는 외적 통제소재 중 하나로 재구성된다. 이 차이는 매우 중요한데, 내담자가 자신에 관한 어떤 것도 변화시키지 않고 다른 사람이나 환경을 변화시키면서 초기기억을 재구성하면, 외적 통제소재를 드러내는 것이고, 자신을 변화시키면서 초기기억을 재구성하면, 이는 내적통제를 나타내는 것이다. 또한 각 개인의 정서반응(자기개념)으로 완성된 실제의 초기회상과 내담자가 달라지기를 원했던 모습(자기이상)의 초기회상을 비교할 수 있다. 두 가지를 토의하면서 내담자의 현재의 증상을 유지하는 내담자의 사적 논리를 검토한다.

3) 이름 붙이기

우리는 정신적인 면에서 사람에게 이름을 붙여 줄 수 있다. 이것이 적절하다면, 내담자는 미소를 지으며 인지반사를 하거나 "바로 나예요."와 같이 말할 것이다. 온후한 태도로 이름을 붙인다면, 이는 내담자가 얻고자 추구하는 목적을 드러내는 좋은 방법이 될 수 있다. '작은 공주' '난폭한 친구' '강하지만 조용한' 등이 그 예이다. 항상 바르거나 규율을 지키고자 하는 사람에게 '신(God)'이라고 명명할 수도 있을 것이다.

4) 하던 행위 멈추기(catching oneself)

이 기법은 사고 중지하기(thought stopping)와 비슷하다. 현재 문제행동의 수행을 멈추도록 한다. 초기에는 내담자가 너무 늦게 멈추어 옛 행동 패턴을 반복할 수 있다. 그러나 문제행동의 수행 멈추기를 꾸준히 연습하면, 내담자는 상황을 들여다볼 수 있고,

언제 자신의 사고와 지각이 자기파괴적이 되는지 알아차릴 수 있고, 자신의 사고와 행동을 교정하는 것을 배울 수 있게 된다. '하던 행위 멈추기'를 통해 내담자가 문제행동이나 정서와 관련된 신호 또는 촉발계기를 알아차리도록 돕는다. 촉발계기를 알아차리게 되면, 내담자는 자신의 증상을 멈추도록 결정을 내릴 수 있다.

13. 논리적 결과: 벌의 대안

아들러 심리학은 아동의 행동을 교정하기 위하여 처벌 대신 논리적 결과(logical consequences)를 제안한다. 논리적 결과란 사회질서나 규칙에 어긋나는 행동을 했을 때, 미리 합의한 결과를 감수하도록 하는 것이다. 이는 우리의 행위의 선택은 자율적이며, 자신이 선택한 행위에 대해서 사회적 책임을 져야 함을 전제한다. 논리적 결과가 아직 합의되어 있지 않을 때, 잘못된 행동에 대해 임시적 결과(applied consequences)를 적용하고, 다음 가족회의나 학급회의 등 소속하는 공동체에서 문제를 공유하고 새로운 질서와 규칙을 합의한다. 예를 들면, 아동이 밖에서 놀다가 흙 묻은 발로 거실에 들어와 발자국을 남겼다. 임시적 결과는 엄마가 걸레로 깨끗이 닦으라고 한다(엄마는 다른 트집을 잡지 않고 신속히 반응한다). 논리적 결과는 이후 가족회의를 통하여 아동의 흙 발자국에 대해 논의하여 흙 묻은 발을 현관에서 깨끗이 털도록 한다. 그렇지 않으면 거실을 깨끗이 닦아야 한다고 합의한다.

5장
아들러 상담 사례개념화

모든 실패자는 낙담되어 있다.

– Alfred Adler

다음은 많은 초보 상담자의 고민이 담긴 대화이다.

"아들러 심리학의 주요 기법으로 내담자의 가족구도와 초기기억을 탐색했어요. 생활양식도 찾았어요. 그렇다면 저는 이제 이것을 가지고 무엇을 해야 하나요?"

"내담자와 함께 상담목표를 세웠어요. 그런데 회기가 진행될수록 처음에 세웠던 상담목표, 초점과는 멀어지고 있는 것 같아요. 예상하지 못했던 장애물로 인해 상담에 대한 자신감이 사라지고 있어요. 내담자에게 미안하기도 하고, 다시 처음으로 돌아가자니 두려운 마음도 들어요."

지금 당신 앞에 뾰족하고 날카로운 작은 나뭇조각이 손가락 끝에 박혀 고통을 호소하는 내담자가 있다고 가정해 보자. 어떤 상담자는 진통제를 처방하며 투약을 권한다. 내담자는 진통제를 먹을 때는 괜찮지만 일상생활 속에서 손을 사용할 때마다 곧바로 다시 고통을 느끼게 된다. 다른 상담자는 명상(mindfulness)을 통해 아픔을 잊을 수 있도록 이끈다. 하지만 근본적인 고통을 제거하기는 역부족이다. 또 다른 상담자는 부정적인 생각을 버리고 인지를 재구성하여 긍정적으로 생각하도록 조언한다. 이 방법 역시 만족스러운 치료법은 아니다. 제한적이고 편향된 상담개입으로 인해 내담자는 시행착오를 경험하며, 상담결과 역시 비효과적이다. 내담자를 위한 가장 좋은 치료방법은 효과적이고 과학적으로 검증된 적합한 방법으로 고통의 근원인 손가락에 박힌 나뭇조각을 제거하는 것이다.

> "상담자들이 사례개념화 활용을 주저하는 것은 효과적인 임상실제를 위해 필요한 가장 가치 있는 임상능력 중 하나를 버리는 것임을 명심해야 한다."
>
> \- Falver(2001)

1. 사례개념화의 필요성

지난 20년간 상담자들 사이에서 사례개념화(case conceptualization)에 대한 관심이 급격히 증가하였다. 오늘날 사례개념화는 상담자의 핵심 능력으로 간주되며, 상담현장에서 필수적으로 요구된다. 증거기반상담(evidence-based counseling)의 핵심으로서 '사례개념화'는 마치 나침반, 이정표, 청사진, 틀과 같다. 사례개념화 없이 상담을 진행하는 상담자를 〈표 5-1〉의 해상 은유로 표현하면 레이더, 나침반, 방향타를 갖추지 않은 채 분명한 목적지도 없이 표류하는 배의 선장과 같을 것이다(Sperry, 2018). 이러한 배에 탑승한 승객은 얼마나 두렵고 불안하며, 과연 이 배는 어디로 항해하는 것일까? 어떤 변명을 늘어놓더라도 이 배의 선장에게 윤리적 책임과 의무를 묻지 않을 수 있겠는가?

〈표 5-1〉 사례개념화의 은유적 표현

해상 은유 표현	설명
배	상담(치료) 과정
선장	내담자와 함께 치료적 변화(목적)를 가져오는 상담자(치료자)
승객	상담자와 협력하는 내담자
목적지	원하는 변화, 상담(치료) 목표
레이더	부적응적 패턴 발견 및 확인
나침반(GPS)	적응적 패턴 경로 설정
방향타	적응적 패턴 성취를 위한 치료 경로 유지

출처: Sperry, J. (2018). *Adlerian Case Conceptualization*. Paper presented at the 2018 ICASSI(International Committee of *Adlerian* Summer Schools and Institutes), Bonn, Germany.

2. 사례개념화 8단계 모델

효과적인 사례개념화를 위한 다양한 모델 중에서 아들러 상담이론을 기반으로 한 Sperry의 사례개념화 8단계 모델을 소개하고

자 한다(Sperry, 2018). 임상적으로 유용한 사례개념화는 상담과정을 효과적으로 계획하고 안내하도록 설명력(호소문제에 대한 설명)과 예측력(상담성공과 관련된 장애요인과 촉진요인 예측)을 갖추어야 한다. 높은 수준의 사례개념화와 낮은 수준의 사례개념화 간에는 분명한 차이가 있다. 즉, 설명력과 예측력 그리고 일관성 있는 사례개념화는 다음의 공통적인 17가지 사례개념화 요소를 포함하고 있다. 높은 수준의 사례개념화에는 호소문제(presenting problem), 촉발요인(precipitant), 부적응적 패턴(maladaptive pattern), 기저요인(predisposition), 유지요인(perpetuants), 문화적 정체성(cultural identity), 문화적응 스트레스(acculturation & acculturative stress), 문화적 설명(cultural explanation), 문화 대 성격(culture vs. personality), 적응적 패턴(adaptive pattern), 상담목표(treatment goals), 상담초점(treatment focus), 상담전략(treatment strategy), 상담개입(treatment interventions), 상담 장애물(treatment obstacles), 문화적 상담개입(treatment-cultural), 상담예후(treatment prognosis)의 공통적인 요소가 포함되어 있다(Sperry & Sperry, 2012).

- 무슨 일이 일어났는가? (진단적 공식화)
- 왜 일어났는가? (임상적 공식화)
- 문화가 어떤 역할을 하는가? (문화적 공식화)
- 어떻게 변화시킬 것인가? (상담개입 공식화)

효과적인 사례개념화는 무슨 일이, 왜 일어났는지, 문화가 어떤 역할을 하며, 어떻게 변화시킬 것인지에 대한 질문에 적절한 답을 할 수 있어야 한다. 사례개념화의 네 가지 구성요소는 진단적 공식화(diagnostic formulation), 임상적 공식화(clinical formulation), 문화적 공식화(cultural formulation), 상담개입 공식화(treatment formulation)이다(Sperry, Blackwell, Gudeman, & Faulkner, 1992). Sperry는 이러한 네 가지 구성요소를 바탕으로 17가지 공통적인 요소들을 찾아가는 과정을 8단계로 정리하였다. 이러한 공통요소들은 상담과정 안에서 서로 긴밀하게 연관되어 있다. 이 요소들이 일관되게 연결되어 있지 않고 관련성이 없다면 상담은 비효과적이고 단절될 것이다. 사례개념화 구성요소와 8단계 모델 그리고 17가지 공통요소에 대한 간략한 설명이 〈표 5-2〉에 제시되어 있다. 이러한 사례개념화 8단계 모델에 따라 꾸준히 수련한다면 전문적인 사례개념화 역량을 갖추게 될 것이다.

〈표 5-2〉 사례개념화 구성요소와 8단계 모델

구성요소	단계	순	요소	설명
I. 진단적 공식화	1단계	1	호소문제	호소문제 그리고 촉발요인에 대한 특정한 반응
		2	촉발요인	패턴을 활성화하여 호소문제를 일으키는 자극
	2단계	3	부적응적 패턴	지각, 사고, 행동의 경직되고 효과가 없는 방식
II. 임상적 공식화	3단계	4	기저요인	적응 또는 부적응적 기능을 촉진하는 요인
		5	유지요인	내담자의 패턴을 지속해서 활성화하여 호소문제를 경험하게 하는 자극
III. 문화적 공식화	4단계	6	문화적 정체성	특정 민족 집단에 대한 소속감
		7	문화적응 스트레스	주류 문화에 대한 적응 수준(심리·사회적 어려움 등을 포함한 문화적응 관련 스트레스)
		8	문화적 설명	고통, 질환, 장애의 원인에 대한 신념
		9	문화 대 성격	문화와 성격 역동 간의 상호작용 정도
IV. 상담 개입 공식화	5단계	10	적응적 패턴	지각, 사고, 행동의 유연하고 효과적인 방식
	6단계	11	상담목표	단기-장기 상담의 성과
		12	상담초점	적응적 패턴의 핵심이 되는 상담의 방향성을 제공하는 중요한 치료적 강조점
		13	상담전략	더욱 적응적인 패턴을 달성하기 위한 실행계획 및 방법
		14	상담개입	상담목표와 패턴변화를 달성하기 위해 상담전략과 관련된 세부 변화기법 및 책략
	7단계	15	상담 장애물	부적응적 패턴으로 인해 상담과정에서 예상되는 도전
		16	문화적 상담개입	해당 사항이 있는 경우 문화적 개입, 문화적으로 민감한 상담 또는 개입 구체화
	8단계	17	상담예후	상담을 하거나 하지 않을 경우, 정신건강 문제의 경과, 기간, 결과에 대한 예측

출처: Sperry, L., & Sperry, J. (2012). *Case Conceptualization: Mastering this competency with ease and confidence*. New York, NY: Routledge.

지금부터 상담장면에서 사례개념화를 활용할 수 있도록 1단계부터 8단계까지의 구체적인 절차를 소개하고자 한다. 특히 필자가 소개하는 사례개념화는 아들러 상담이론에 기반을 두었음을 유념하라(상담이론에 따라 사례개념화의 초점이 다르다). 따라서 〈표 5-3〉과 같이 아들러 상담 사례개념화 주요 요소에 초점을 맞추어 설명하고자 한다.

〈표 5-3〉 아들러 상담 사례개념화 주요 요소

공통요인	설명
기저요인	• 가족구도: 출생순위와 가족 환경 • 생활양식 신념: 초기기억과 자기관, 세계관
상담목표	• 사회적 관심과 건설적 행동 증가
상담초점	• 잘못된 신념과 낙담으로 촉발되거나 악화된 상황
상담전략	• 기본 상담전략: 사회적 관심과 건설적인 행동 촉진하기 • 공통 상담전략: 지지, 인지적 재구조화, 해석
상담개입	• 생활양식 평가 • 초기기억 분석 • 격려 • 은유, 이야기, 유머의 사용 • '마치 ~인 것처럼' 행동하기 • 건설적인 행동 • 역설

출처: Sperry, L., & Sperry, J. (2012). *Case Conceptualization: Mastering this competency with ease and confidence*. New York, NY: Routledge.

1) 1단계: 호소문제와 촉발요인 그리고 둘 사이 관련성을 찾으라

상담 초기에 내담자의 호소문제를 명확히 밝히는 것은 상담을 보다 현실적이고 효율적으로 진행하도록 해 준다(김춘경, 이수연, 이윤주, 정종진, 최웅용, 2016). 호소문제는 내담자가 호소하는 문제와 촉발요인에 대한 특정한 반응이다. 호소문제는 증상의 유형과 심각도, 개인적 · 관계적 기능이나 손상, 병력과 경과가 포함된다. 의학적 진단과 정신질환 진단 및 통계 편람(Diagnostic and Statistical Manual of Mental Disorders: DSM) 진단이 포함되기도 한다.

내담자 또는 주변인은 호소문제가 절대적이고 계속해서 발생하는 것처럼 말하지만, 자세히 관찰해 보면 내담자가 호소문제를 겪게 하는 특별한 자극이 있다는 것을 발견할 수 있다. 촉발(觸發)을 사전에서 찾아보면 '어떤 일을 당하여 감정, 충동 따위가 일어남, 닿거나 부딪쳐 폭발하거나 폭발시킴'으로 정의된다(국어국립연구원, 2000). 이러한 촉발요인은 패턴을 활성화하여 호소문제를 일으키는 촉발자극이다. 호소문제를 자극하는 최근 스트레스, 특정한 사건, 만성적인 불안이 촉발요인이 될 수 있다(Sperry & Sperry, 2012). 간혹 초보 상담자의 경우 내담자의 호소문제에만 매몰되어 상담의 목표와 촉발요인 등을 알아차리지 못하는 경우가 있다. 상담자는 가장 먼저 내담자의 호소문제와 촉발요인을 분명하게 찾아야 한다.

핵심 사례개념화 요소들과 패턴과의 관계가 [그림 5-1]에 나타

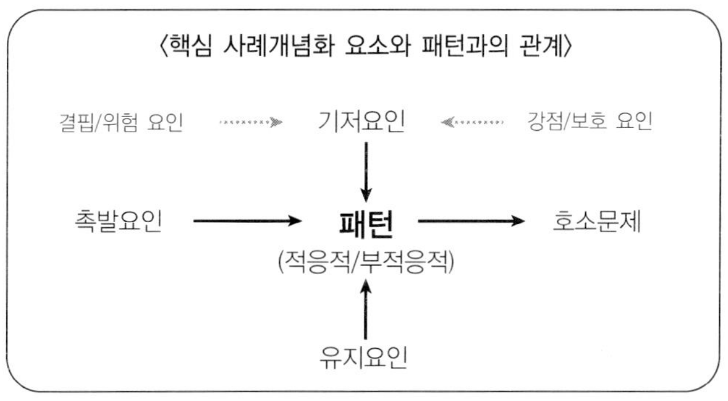

[그림 5-1] 핵심 사례개념화 요소들과 패턴과의 관계

출처: Sperry, L., Carlson, J., Sauerheber, J. D., & Sperry, J. (2015). *Psychopathology and Psychotherapy DSM-5 Diagnosis, Case Conceptualization, and Treatment* (3rd ed.). New York, NY: Routledge.

나 있다. 촉발요인과 호소문제 사이에는 적응적 혹은 부적응적 패턴이 있다. 많은 상담자나 부모와 교사는 드러나지 않은 촉발요인이나 감추어진 내담자의 부적응적 패턴을 간과하거나 알아차리지 못하기도 한다. 단지 표면적으로 드러나고 관찰 가능한 호소문제에 집착한다. 겉으로 드러난 문제와 증상에만 집중할 경우 진정한 문제의 원인을 찾기 어렵다. 아들러는 인간의 모든 행동에는 목적이 있다고 하였다. 현재의 행동은 자신의 목적을 달성하기 위한 선택이며, 이러한 장기적인 행동목적은 내담자의 생활양식이 된다(유리향, 선영운, 오익수, 2018). 상담자는 내담자의 호소문제와 이를 일으키는 촉발요인 간 관련성을 주목할 필요가 있다. 내담자의 문제가 무엇이며, 사건이 언제 시작되고 어디에서 발생하는지, 누가 말했고 무엇을 했는지, 그다음에는 무엇이 일어났는지 등을 검토할 수 있다. 예를 들어, 교실에서 자리에 앉아 있지 못하고 과도하게 돌아다니며 큰 소리를 지르는 학생이 있다고 가정해 보자. 이 학생이 등교부터 하교까지 계속 돌아다니거나 소리를 지르는 것은 아니다. 호소문제를 일으키는 촉발요인을 찾아보자. 수업 내용이 어렵거나 지루할 때 또는 자신이 좋아하는 장난감이나 주제가 있을 때 움직일 수 있다. 특정한 말이나 자극을 제공하는 친구가 있거나 안전하지 않다고 느끼는 상황에서 큰 소리를 지르는 모습을 관찰할 수도 있다. 또한 반항하는 사춘기 청소년의 경우, 부모나 교사가 특정한 촉발요인을 제공할 때 내담자와 힘겨루기를 하거나 격한 말싸움이 시작된다는 것을 발견할 수 있다. 예를 들면, 이성교제, 핸드폰 게임, 대학입시 등과 같이 내담자에게 민감한 주제가 촉발요인에 해당할 수 있다.

2) 2단계: 부적응적 패턴을 통찰하라

다시 [그림 5-1]을 자세히 살펴보라. 핵심 사례개념화 요소들의 가로축(촉발요인과 호소문제)과 세로축(기저요인과 유지요인)이 만나는 정중앙에 바로 **'패턴'**이 있다. 패턴은 내담자의 독특한 지각, 사고, 반응의 방법에 대한 간결한 설명이다. 패턴은 내담자의 호소문제와 촉발요인을 연결하며, 문제상황을 이해하도록 돕는다. 촉발요인과 호소문제의 관련성을 설명하는 부적응적 패턴을 기억하기 쉬운 짧은 문장으로 명시하는 것은 2단계에서 필수적이다. 또한 패턴은 내담자의 기저요인에 의해 시작되며, 내담자의 유지요인을 반영한다.

패턴은 내담자가 대인관계와 삶의 영역에서 의식적이건 무의식적이건 저절로 계속해서 사용하는 일관된 전략이다. 패턴은 적응적이거나 부적응적이다. **적응적 패턴**은 융통성이 있고 적절하며, 효과적인 성격유형과 개인적·관계적 능력을 나타낸다. 반면, **부적응적 패턴**은 지각, 사고, 행동이 경직되고 효과가 없는 방식이다. 부적절한 경향이 있고, 개인적·관계적 기능에서 증상과 손상, 만성적 불만족을 일으킨다. 만약 부적응적 패턴이 심하게 고통스럽거나 악화한다면, 성격장애로 진단될 수 있다. 예를 들면, 최근 직장을 옮기는 문제로 사회적 고립감과 우울 기분을 느끼는 내담자의 경우, 안전하지 않다고 느낄 때마다 회피하고 관계를 끊거나 철회하는 부적응적 패턴이 있다. 몸이 불편하신 부모와 함께 고향에 남을 것인지 자신의 꿈을 위해 유학을 떠날 것인지에 대한 선택적 갈등으로 우울과 혼란을 겪는 내담자의 경우, 다른 사람의 욕구는 기꺼이 충족시키지만 자신의 요구는 충족하지 못하는 부적응적 패턴이 있다.

가로축 패턴은 특정한 상황에만 국한될 수도 있고 일반적일 수도 있다. 한편, 세로축 패턴은 현재 상황뿐만 아니라 이전 상황에 대한 공통된 설명이다. 다시 말해서, 내담자의 상황에 대한 타당한 설명이나 일련의 이유를 알려 줄 수 있는 생애 전반적인 유형이 세로축 패턴에 나타난다(Sperry, 2005). 아들러 심리학에서는 이러한 패턴을 '**생활양식**(life style)'이라고 부른다. 생활양식은 자기관, 타인관, 세계관, 삶의 전략으로 표현될 수 있다. 즉, '나는 …이다. 다른 사람들은 …이다. 삶은 …이다. 그러므로 나는 …해야

만 한다.'이다(Sweeney, 1998).

(자기관)	나는 ______________이다.	
(타인관)	다른 사람들은 ________이다.	
(세계관)	삶은 ______________이다.	
(삶의 전략)	그러므로 나는 ________해야만 한다.	

그렇다면 사례개념화의 핵심인 패턴을 어떻게 찾을 수 있을까? Adler는 먼저 내담자의 '움직임(movement)'에 주목하라고 하였다. [그림 5-2]와 같이 움직임은 다가서기(towards), 저항하기(against), 물러서기(away from), 양가적인(ambivalent: towards/against) 유형이 있다(Adler, 1964). 내담자의 '말'보다는 '행동'이라는 살아 있는 움직임이 가리키는 에너지의 방향을 찾는 것이 중요하다. 움직임과 활동 수준(능동/수동)에 따른 성격유형을 〈표 5-4〉와 같이 구분할 수 있다. '다가서기' 움직임이 능동적(+)인 경우 연극성 성격, 수동적(-)인 경우 의존성 성격을 나타내며, '저항하기' 움직임이 능동적(+)인 경우 편집성 또는 반사회성 성격, 수동적(-)인 경우 자기애성 성격을 보인다. '물러서기' 움직임이 능동적(+)인 경우 회피성 성격, 수동적(-)인 경우 정신분열성 또는 정신분열형 성격을 나타내며, '양가적인' 움직임이 능동적(+)인 경우 수동공격적 성격, 수동적(-)인 경우 강박-충동적 성격을 보인다(Sperry & Carlson, 2014). 이처럼 내담자의 움직임과 활동 수준이 어떻게 상호작용하는지 파악하는 것은 내담자의 목적과 성격유형을 이해하는 좋은 방법이 된다.

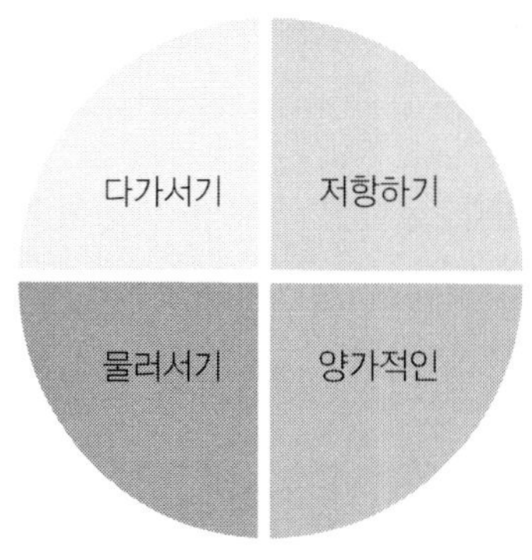

[그림 5-2] 움직임의 유형

출처: Ansbacher, H. L., & Ansbacher, R. R. (Eds.). (1964). *Superiority and social interest: A collection of later writings*. Evaston, Ill: Northwestern University Press.

〈표 5-4〉 움직임과 활동 수준에 따른 성격유형

움직임	활동 수준 (+/-)	목적	성격유형 (DSM-5)
다가서기	능동적(+)	관심추구	연극성 성격
다가서기	수동적(-)	타인의 도움 구하기, 기쁘게 하기, 타인의 요구 충족하기	의존성 성격
저항하기	능동적(+)	자신을 보호, 복수하기	편집성 성격
저항하기	능동적(+)	타인 해치기	반사회성 성격
저항하기	수동적(-)	특별한 대우 받기	자기애성 성격
물러나기	능동적(+)	피해 회피하기, 안전하기	회피성 성격
물러나기	수동적(-)	참여 회피, 타인과 거리 두기	정신분열성 성격
물러나기	수동적(-)	다르게 행동, 이상한, 기이한, 타인과 거리 두기	정신분열형 성격
양가적인	능동적(+)	수동적으로 타인 요구에 저항하기	수동공격적 성격
양가적인	수동적(-)	완벽하기, 과잉성취	강박-충동적 성격

출처: Sperry, L., & Carlson, J. (2014). *How master therapists work: Effecting change from the first through the last session and beyond.* New York, NY: Routledge.

예를 들어, 내담자가 과도한 불안을 호소한다고 가정해 보자. 촉발요인은 무엇인가? 바로 며칠 뒤에 있을 수많은 대중 앞에서 공개발표를 해야 하는 심각한 스트레스 상황이다. 그렇다면 부적응적 패턴은 무엇인가? 이 내담자의 부적응적 패턴은 '사람들은 안전하지 않다.'이다. '나는 빠져나가야 해.'라는 목적을 달성하기 위해 위험을 회피하고 자기보호 경향성(safe guarding)으로 '불안'이라는 압도적 감정에 휘말리도록 한다. 내담자는 불안과 스트레스로 인한 '**나쁜 기분**(feel bad)'에서 벗어나 '**좋은 기분**(feel good)'을 느끼기 위해, 위험할 때마다 회피하려는 자신의 부적응적 패턴을 사용한다. 불완전할 용기가 부족한 내담자는 완벽함(perfection)을 소망하면서 시간과 공간을 소비하고 있다. 상담자는 의도적인 실수, 실수할 용기 등을 통해서 삶의 과제를 회피하는 내담자를 격려하고, 용기와 사회적 관심을 기르도록 상담을 계획하고 도울 수 있다.

효과적인 상담의 핵심은 바로 **부적응적 패턴**을 **적응적 패턴**으로 바꾸는 것이다. 〈표 5-5〉와 같이 상담에서 변화는 '0차'부터 '3차' 변화의 네 단계로 진행된다. '0차'는 아무런 변화도 없고, 치료과정에 오히려 부정적인 영향을 미칠 수 있다. 기본으로 돌아가는 '1차' 변화는 내담자가 작은 변화를 시작하거나, 증상완화 또는 안전함을 느끼도록 돕는다. 변화가 시작되는 '2차' 변화는 내담자가 자신의 패턴을 바꾸도록 돕는다. 내담자 스스로 치료자가 되는 '3차' 변화는 스스로 패턴을 인식하고 바꾸는 방법을 배우게 된다. 상담자는 2차 또는 3차 변화의 결과로 내담자의 패턴변화와 호소문제 해결을 기대할 수 있다.

〈표 5-5〉 상담의 변화 단계

단계	설명
0차	어떤 변화도 일어나지 않으며, 상담과정에 부정적인 영향을 줄 수 있다.
1차	작은 변화를 만들어 증상을 감소시키거나, 안전함을 느끼도록 내담자를 돕는다.
2차	패턴을 수정할 수 있도록 내담자를 돕는다.
3차	내담자가 자신의 패턴을 인식하고, 변화하는 방법을 습득한다(자기 스스로 상담자가 된다).

출처: Sperry, L., & Sperry, J. (2012). *Case conceptualization: Mastering this competency with ease and confidence*. New York, NY: Routledge.

3) 3단계: 기저요인과 유지요인을 탐색하라

생활양식과 호소문제의 근원인 기저요인을 찾기 위해 1단계에서 제시했던 [그림 5-1]의 세로축을 다시 주목할 필요가 있다. **기저요인**은 내담자의 적응적 또는 부적응적 기능을 촉진하는 요인이다. 여기에는 생활양식의 생물학적 · 심리학적 · 사회문화적 요인에 대한 설명이 담겨 있다. 생활양식 신념은 자기 및 세계에 대한 관점, 장기적인 행동의 목적을 말한다. 아들러 상담이론에 근거한 생활양식 신념은 초기기억, 가족구도, 잘못된 행동의 목적, 사적 논리, 사회적 관심 등을 살펴봄으로써 평가할 수 있다. 생활양식을 탐색하기 위한 아들러 상담의 구체적인 방법은 제3장과 제4장을 참고하길 바란다.

- 움직임 및 활동 수준
- 가족 구도: 출생순위, 가족 분위기
- 사회적 관심과 소속감

유지요인이란 내담자의 패턴을 지속해서 활성화하여 호소문제를 경험하게 하는 자극이다. 예를 들면, 고립감을 느끼는 내담자의 경우, 혼자 생활하는 환경과 수줍은 성격이 부적응적 패턴을 유지시킨다. 또한 최근 직장동료와의 갈등으로 분노 폭발과 불안을 경험하는 내담자의 경우, 제한된 관계 기술과 충동성, 공감능력 부족이 부적응 패턴을 지속하여 활성화한다.

4) 4단계: 문화적 요인을 찾으라

문화적 요인을 찾기 위해 내담자의 문화적 또는 민족적 정체성, 문화적응 수준, 호소문제에 대한 문화적 설명을 보다 구체적으로 알아본다(Sperry, 2010). 문화적 공식화는 문화적 정체성, 문화적응 수준과 문화적응 스트레스, 문화적 설명 모형, 문화 대 성격 역동의 네 가지 요소로 이루어졌다.

문화적 정체성이란 특정한 문화적 또는 민족 집단의 구성원으로 정의된 소속감과 존재감이다. 인구학적 사실보다는 개인적인 자기평가와 자기확신에 대한 지표이다. 예를 들면, 인종적 유대에 관해 갈등이 있는 아프리카계 여성, 노동자 계층의 멕시코계 남성, 중산층의 백인 남성, 중상위 계층의 앵글로 색슨계 백인 여성이다.

문화적응은 한 개인이 자신의 원래 문화에서 다른 문화로 적응해 가는 과정이다. 높음, 중간, 낮음의 단계의 문화적응에 근간한 주류 문화 스트레스에 대한 적응 수준이다. 한 개인이 어떤 문화 속에서 출생하여 성장하면서, 자기 문화의 가치들을 학습하는 과정인 '문화화(文化化)'와는 다른 개념이다. 자신의 원래 문화와는 다른 새로운 문화에 적응하는 것은 스트레스가 될 수 있다. 문화적응 스트레스란 문화적응에 뿌리를 두고 있는 스트레스로 정의된다. 편견, 차별, 내담자와 내담자 가족의 문화적응 수준의 차이, 문화와 관련된 심리 · 사회적 어려움이다.

문화설명은 고통, 상황, 손상의 원인에 대한 내담자의 신념이다. 예를 들면, 최근 자신의 분노 폭발에 대해 어린 시절 자신을 학대하고, 사랑을 주지 않은 부모에 의해 초래된 불안, 분노, 슬픔이라고 믿는 것이다.

문화 대 성격은 문화적 역동과 성격 역동이 어느 정도 영향을 주는지 확인하는 것이다. 성격은 내담자의 성격 역동을 포함한다. 상담자는 문화적 역동과 성격 역동 간 상호작용을 평가해야 한다. 예를 들면, 문화적응 수준이 높으면 문화적 역동은 호소문제에 거의 영향이 없을 수 있지만, 성격 역동은 중대한 영향을 미칠 것이다. 반면, 문화적응 수준이 낮으면 문화적 역동은 의미 있는 영향을 미칠 것이다.

5) 5단계: 보호요인(강점, 자원)을 찾으라

지각, 사고, 행동의 유연하고 효과적인 방식인 적응적 패턴으로의 변화를 이끌기 위해 내담자의 보호요인을 찾는다. **보호요인**이란 긍정적인 결과를 가져올 가능성을 높이고, 위험에 노출될 때 부정적인 결과의 가능성을 낮추는 것과 관련된 조건이다. 무엇에 열정을 가지고 있고, 무슨 일이 잘 되었는지, 자신의 강점은 무엇인지에 대해 내담자에게 질문할 수 있다. 내담자의 강점, 자원, 자산과 같은 보호요인 목록을 작성하여, 어떻게 치료에 적용할지 생각한다. 이러한 목록은 추후 상담예후에 대한 구체적인 근거가 된다.

아들러 심리학의 보호요인에는 심리적 회복탄력성, 자기효능감, 자기통제, 안정적 애착, 변화에 대한 높은 수준의 준비도, 생활양식 변화의 성공적인 과거 경험, 정신건강 서비스 이용, 친구, 가족, 전문가로부터의 지원 등이 있다. 특히 아들러 심리학자들이 교사와 부모가 주목해야 할 필수적인 보호요인으로 'Crucial Cs'를 제안하였다. 핵심적인 강점기반 보호요인인 Crucial Cs는 다음과 같다.

첫째, 나는 가족, 학교, 사회의 일부분으로서 다른 사람과 관계를 잘 맺고 있다는 '**관계**(Connect)'이다. 둘째, 나는 자신을 돌볼 수 있는 충분한 능력을 갖추고 있다는 '**능력**(Capable)'이다. 셋째, 다른 사람들은 나를 가치 있게 여기며, 나는 내가 중요한 사람이라는 것을 알고 있다는 '**중요**(Count)'이다. 넷째, 나는 이 모든 삶의 도전을 다룰 만한 충분한 용기를 가지고 있다는 '**용기**(Courage)'이다. 관계, 능력, 중요, 용기의 네 가지 Crucial Cs는 내담자가 삶을 살아가면서 부딪히는 도전과 어려움을 헤쳐나가는 데 필요한 보호요인이다. 성공한 사람들은 다른 사람들과 밀접한 관계를 맺고 그들이 속한 사회에서 '내가 중요한 사람이구나.'라고 생각하며, 자신이 스스로 삶을 통제하고 있다고 느낀다. 반면, 어려움에 직면한 사람들은 자신이 고립되었다고 생각하며, 이 사회에서 쓸모없고 무능력한 존재라고 느낀다. 아들러 심리학자들은 이처럼 어려움을 겪고 있는 내담자는 삶의 여러 가지 도전들을 성공적으로 헤쳐 나가기 위해 필수적으로 가지고 있어야 할 네 가지 요소인 Crucial Cs 중에서 한 가지 이상이 결핍된 것으로 보았다(Lew & Bettner, 1998).

상담자는 내담자가 적응적 패턴으로 재정향(reorientation)하도록 보호요인을 찾아 상담에 적극적으로 활용해야 한다. 이러한 과정은 내담자가 유아적 성향을 버리고 성숙을 지향하도록 돕는다. 예를 들면, '내가 하고 싶지 않은 일도 해야 할 필요가 있다.' 또는 '내가 원하는 것을 반드시 가질 수는 없다.'라는 것을 깨닫는 것이다. 이러한 심리적 성숙의 지표는 충분한 Crucial Cs를 갖추어 협력(cooperation), 자립(self-reliance), 공헌(contribution), 적응 유연성(resiliency)이 있는 심리적으로 건강한 사람으로 나타난다.

6) 6단계: 상담 목표와 개입을 작성하라

내담자의 증상을 줄이고 부적응적 패턴에서 적응적 패턴으로 전환하기 위해 상담자는 무엇에 주목하고 초점을 맞출 것인지에 대한 정확한 인지도를 그려야 한다. 상담자는 이전 단계들에서의 내담자에 대한 깊은 이해를 토대로 상담목표, 상담초점, 상담전략, 상담개입을 명시해야 한다.

상담목표는 내담자가 상담에서 성취하기를 기대하는 명확한 결과이다. 내담자와 상담자가 함께 상담목표를 설정한다. 이는 측정 가능하고 달성할 수 있고 현실적이어야 하며, 내담자는 그것을 이해하고 전념하여 성취 가능하다고 믿어야 한다. 주로 단기적인 목표는 증상의 감소, 관계 기능의 향상, 기능의 회복이며, 장기적인 목표는 성격변화를 포함한 패턴의 변화이다. 아들러 상담의 주요 목표는 사회적 관심과 건설적 행동의 증가이다(Sperry & Sperry, 2012).

상담초점은 핵심적인 상담의 강조점으로 상담의 방향성을 제시하고, 부적응적 패턴을 적응적 패턴으로 교체하는 데 목적이 있다. 아들러 상담의 초점은 잘못된 신념과 낙담으로 촉발되거나 악화된 상황이다. 상담자는 내담자가 가장 좋은 길로 갈 수 있도록 상담의 초점을 맞추고, 그 행로를 유지할 수 있게 해야 한다. 즉, '지금 당장 선택할 수 있는 최선의 상담 방향이 무엇인가?'에 대한 질문에 끊임없이 답을 찾아가면서 상담을 진행해야 한다. 상담이 초점을 잃게 되면 아무런 진전이나 효과도 없이 상담을 끝마

칠 수 있다.

상담전략은 더욱 적응적인 패턴을 형성하기 위해 특정한 개입에 초점을 맞춘 실행계획이다. 상담계획에는 부적응적 패턴을 제거하여 적응적 패턴으로 대체하며, 새로운 패턴을 유지하는 것이 포함된다. 공통된 상담전략으로는 해석, 인지적 재구조화, 대체, 노출, 사회적 기술 훈련과 심리교육, 지지, 약물, 교정적 체험이 있다. 아들러 상담의 특징적 전략은 사회적 관심과 건설적 행동을 촉진하는 데 주안점을 둔다.

상담개입은 내담자의 문제에 긍정적으로 영향을 주기 위해 계획된 치료적 행동이다. 상담개입은 상담의 표적과 상담개입에 함께하는 내담자의 자발성과 능력에 따라 선택된다. 아들러 상담의 기법으로는 생활양식 분석 및 해석, 초기기억, 격려, 사회적 관심, 부모 교육, 가족상담, '마치 ~인 것처럼(as-if)' 행동하기, 건설적 행동, 질문하기, 버튼 누르기, 자신 포착하기 등이 있다. 구체적인 아들러 상담기법은 제4장을 참고하길 바란다.

7) 7단계: 치료 방해물과 촉진제 목록을 작성하라

효과적인 사례개념화를 위해 상담과정에서 예상되는 치료 방해물과 촉진제 목록을 구체화한다. 내담자의 성격유형과 부정적 패턴, 변화에 대한 준비도, 상담 계약 및 종결 문제, 종결 준수, 결과가 좋지 않았던 상담이력, 전이 및 역전이 문제 등을 바탕으로 하여 치료 방해물과 촉진제 목록을 작성한다.

상담을 계획할 때 장애물과 도전 과제를 예상하는 것은 성공적인 상담을 위해 필수적이다. 상담자는 내담자에게 "만약 어떤 어려움이나 문제가 생긴다면, 상담목표에 도달하는 것이 어려울까요?"라고 직접 질문할 수도 있다. 예를 들면, 회피성 성격유형으로, 안전하지 않다고 느낄 때마다 다른 사람을 회피하고 관계를 끊는 부정적인 패턴을 지닌 내담자의 경우, 상담자를 시험하거나 집단치료에 저항할 가능성이 있다. 게다가 상담동맹이 형성된 후에는 상담자에게 지나치게 의존하여 종결을 어렵게 만들 수도 있다. 이처럼 사례개념화를 통해 내담자에게 발생 가능한 장애물과 도전 과제를 사전에 예상할 경우, 상담과정에서 어려움과 좌절에 부딪히더라도 상담의 목적과 방향을 잃지 않을 수 있다.

한편, 상담의 효과를 촉진하기 위해 5단계에서 찾아낸 내담자의 보호요인들을 적극적으로 상담계획 및 상담개입 공식화에 포함하여 활용할 수 있다. 예를 들면, 내담자의 지적 능력, 높은 에너지 수준, 내담자의 변화에 대한 높은 동기, 성공적인 변화가 있었던 이전 상담경험 등이 해당한다. 또한 내담자에게 해당 사항이 있는 경우, 문화적으로 민감한 이슈가 상담개입에 구체적으로 고려될 수도 있다.

8) 8단계: 설명력과 예측력을 평가하라

전체 사례개념화 보고서를 검토하면서 설명력과 예측력을 평가한다. 즉, 내담자의 호소문제가 잘 설명되도록 상담과정이 효과적으로 계획되었는지 그리고 상담성공과 관련된 장애요인과 촉진요인을 정확하게 예측하는지를 검토한다.

상담예후는 상담을 하거나 하지 않을 때 발생 가능한 경과, 지속기간, 심각성, 문제의 결과를 예측하는 것이다. 예후는 '아주 좋음' '좋음' '보통' '주의' '나쁨'의 다섯 단계가 있다(Sperry & Sperry, 2012).

지금까지 17가지 공통요소를 포함하는 아들러 상담기반 사례개념화에 대해 살펴보았다. 그렇다면 모든 사례개념화에 17개 요소 모두가 반드시 포함되어야 할까? 대답은 '그렇지 않다.'이다. 상담자와 내담자의 문제와 상황에 따라 몇몇 요소는 제외할 수 있다. 예를 들면, 문화적으로 다양한 배경이 없는 내담자에 대해 상담자는 문화적 공식화가 필요하지 않다고 생각할 수 있다. 다만, 요소들을 제외할수록 사례개념화의 설명력과 예측력이 떨어질 수 있다는 점을 명심해야 한다(Binder, 2004).

3. 사례개념화 예시 1: 현수 사례

현수는 11세 초등학교 4학년 남학생이다. 최근 자주 분노가 폭발하고 슬프며 불안한 것으로 평가되었다. 현수는 한국인 아버지와 필리핀인 어머니 사이의 둘째 아들이다. 체육시간에 경기규칙을 지키지 않고 제멋대로 하다가 이를 말리는 친구들에게 욕설하고 폭력을 행사하여 상담에 의뢰되었다. 사소한 일에도 자기 마음대로 되지 않았을 때면 과도하게 화를 내고 감정을 조절하지 못했다. 잦은 다툼과 욕설로 또래관계에 어려움이 있다. 다른 사람들이 자신을 무시하고 자극하기 때문에 화를 낸다고 말했다. 현수는 친구들의 물건을 마음대로 만지고, 지나가면서 친구의 책상을 밀거나 툭툭 치면서 물건을 떨어뜨리는 행동을 자주 했다. 수업시간에 엉뚱한 이야기를 하면서 친구와 크게 떠들고, 선생님에게도 말대답을 했다. 친구들과 게임을 할 때 자신이 지면 규칙을 어겨서라도 이기려고 떼를 썼다. 수업에서 활동하다가 지루하거나 어려울 때는 책상에 엎드리거나 자리에 주저앉아 무턱대고 고집을 부렸다. 단, 자신이 좋아하고 관심 있는 축구나 야구 이야기가 나오면 주변 상황을 고려하지 않은 채 쉬지 않고 반복해서 말하였다. 그러다가 교사나 친구가 자신의 말을 들어 주지 않으면 화를 내거나 가끔 울기도 하였다.

1) 아들러식 평가

진단적 평가정보 외에 아들러식 평가에는 가족구도와 초기기억에 관한 내용이 추가된다. 가족구도를 살펴보면, 현수는 '가족 모두는 항상 바쁘고, 나는 심심하고 외롭다.'라고 표현한 다문화 가정의 둘째 아이이다. 현수의 부모님은 스무 살 이상 나이 차이가 나며, 아버지는 가부장적이고 권위적이며 현수에게 무섭게 대한다. 필리핀인 어머니는 한국어에 익숙하지 않아 의사소통이 어려운 편이다. 현수의 부모님은 언어와 나이 차이로 인해 의사소통이 원활하지 않으며, 종종 부부 갈등이 있다. 현수는 부모님이 자신에게 별로 관심이 없으며, 대부분 집에 혼자 있다고 말했다. 중학교 2학년 형은 하교 후에 집에 있더라도 놀아 주지 않고 방에서 게임을 하며 거의 대화를 하지 않는다. 형은 현수에게 잔심부름을 시키거나 말을 듣지 않으면 가끔 때리기도 하였다.

현수의 두 가지 초기기억은 다음과 같았다. 첫 번째 초기기억은 여섯 살 때 유치원에 다녀왔는데 초인종을 눌러도 아무도 대문을 열어 주지 않았다. 혼자 우두커니 서서 엄마를 기다리는데 소변이 너무 마려웠다. 참고 참다가 더는 참을 수 없어서 담벼락에 소변을 쌌다. 시원한 느낌도 들었지만, 창피해서 화가 났다고 하였다. 두 번째 초기기억은 일곱 살 때 생일날 너무 받고 싶은 선물이 있어서 도화지에 그림을 그렸다. 그 그림을 가족 모두가 볼 수 있도록 냉장고 문 앞에 붙여 놓았다. 하지만 생일날 온종일 기다렸는데 어떤 선물도 없었다. 그냥 치킨만 먹었다. 너무 화가 나서 엉엉 울고 떼를 썼다. 그러다가 오히려 부모님께 야단만 맞았다. 너무 슬프고 실망스러웠다고 하였다.

〈표 5-6〉은 아들러 상담이론을 기반으로 하여 사례개념화의 17가지 주요 요소에 따라 현수의 진단적 평가와 아들러식 평가 결과를 요약한 것이다.

〈표 5-6〉 아들러 상담기반 현수의 사례개념화 요소

<table>
<tr><td>호소문제</td><td colspan="2">분노 폭발, 슬픔, 불안</td></tr>
<tr><td>촉발요인</td><td colspan="2">최근 친구들의 따돌림과 무시</td></tr>
<tr><td>부적응적 패턴</td><td colspan="2">다른 사람을 무시하고 이용하면서 자신의 필요와 욕구를 채움</td></tr>
<tr><td rowspan="2">기저요인</td><td>가족 구도</td><td>정서적 교감이 없는 부모와 형(무섭고 가부장적인 아버지와 국적이 다르고 말이 잘 통하지 않은 어머니, 괴롭히는 형), 가정에서 외롭고 우울함</td></tr>
<tr><td>생활 양식 신념</td><td>나는 강해지고 싶지만, 능력이 부족하다. (자기관)
다른 사람들은 내가 필요한 것을 채워 주어야만 한다. (타인관)
삶은 위험하다. (세계관)
그러므로 다른 사람이 나를 무시하지 않도록 내 이익을 위해 다른 사람을 이용하고, 내가 원하는 것을 주지 않는 사람에게는 강하게 복수해야 한다. (삶의 전략)</td></tr>
<tr><td>유지요인</td><td colspan="2">자기중심적 태도, 제한된 의사소통기술, 공감능력 결여</td></tr>
<tr><td>문화적 정체성</td><td colspan="2">한국인 아버지와 필리핀인 어머니의 다문화 가정</td></tr>
<tr><td>문화적응 스트레스</td><td colspan="2">학교에 다문화 학생이 많아 학교생활에는 큰 문제가 없으나 어머니와의 의사소통이 자유롭지 않음.</td></tr>
<tr><td>문화적 설명</td><td colspan="2">충분한 보살핌과 사랑을 주지 않은 부모양육에 의한 불안, 분노, 슬픔</td></tr>
<tr><td>문화 대 성격</td><td colspan="2">성격 역동이 작동함.</td></tr>
<tr><td>적응적 패턴</td><td colspan="2">열등감을 극복하고 자신감 갖기, 다른 사람 존중하기</td></tr>
<tr><td>상담목표</td><td colspan="2">낙담 줄이기, 사회적 관심 높이기, 긍정적인 관계 맺기</td></tr>
<tr><td>상담초점</td><td colspan="2">잘못된 신념과 낙담으로 촉발되거나 악화된 상황</td></tr>
<tr><td>상담전략</td><td colspan="2">사회적 관심과 건설적 행동 촉진하기, 지지, 격려</td></tr>
<tr><td>상담개입</td><td colspan="2">생활양식 평가하기, 초기기억 탐색, 격려하기, 강점 찾기</td></tr>
<tr><td>상담 장애물</td><td colspan="2">자신의 문제행동을 축소하기, 자기중심적 사고</td></tr>
<tr><td>문화적 상담개입</td><td colspan="2">가정과 연계, 부모교육을 통한 의사소통 및 대화시간 증가</td></tr>
<tr><td>상담예후</td><td colspan="2">보통에서 좋음</td></tr>
</table>

2) 사례개념화 진술문

다음의 사례개념화 진술문은 앞서 제시한 아들러 사례개념화 8단계 모델에 따른다.

- **1단계**: 현수의 분노 폭발과 슬픔, 불안(호소문제)은 최근 친구들의 따돌림과 무시(촉발요인)에 대한 반응으로 보인다.
- **2단계**: 현수는 지금까지 지내 오면서 자신의 욕구는 매우 중요하게 생각하고, 다른 사람을 무시하고 이용하면서 자신의 필요와 욕구를 채웠다(부적응적 패턴). 현수의 움직임은 '저항하기'이며, 활동 수준은 '능동적'이다. 다른 사람을 괴롭히고 파괴적인 행동을 함으로써 '복수하기' 목적을 추구하는 반사회적 행동 패턴을 보인다.
- **3단계**: 현수의 부모님은 나이 차이가 스무 살 이상이며 국적도 다르고 말도 잘 통하지 않기 때문에 정서적 교류가 부족한 편이다. 아버지는 새벽에 출근해서 저녁 늦게까지 건설 관련 일을 하셨고, 어머니 역시 공장에서 저녁까지 일하셨다. 중학교 2학년 형은 게임에 빠져 하교 후에는 방에 들어가서 거의 나오지 않았다. 현수에게는 종종 심부름을 시키고 말을 듣지 않으면 때리기도 하였다. 이러한 가정환경에서 현수는 외롭고 심심하다고 느꼈다. 무섭고 가부장적인 아버지와 필리핀 국적의 말이 잘 통하지 않는 어머니, 그리고 자신을 괴롭히는 형 사이에서 정서적 교감을 느끼지 못하고 우울과 분노

를 느꼈다. 형제 사이에 교류가 없으므로 심리적 출생순위는 외동아이이다. 부모님 역시 서로 대화가 잘 통하지 않기 때문에 갈등 상황이 발생하면 큰소리를 내거나 상대방을 비방하고 폭력적인 언어를 사용하면서 해결하는 경우가 많았다. 현수는 가정뿐만 아니라 학교에서도 소속감을 얻지 못해 불안을 느꼈다. 다른 사람들은 자신의 이야기를 잘 들어 주지 않고 관심도 없으며, 자신을 무시한다고 생각하였다. 현수의 생활양식 신념은 다음과 같았다. 나는 강해지고 싶지만, 능력이 부족하다(자기관). 다른 사람들은 내가 필요한 것을 채워 주어야만 한다(타인관). 삶은 위험하다(세계관). 그러므로 다른 사람이 나를 무시하지 않도록 내 이익을 위해 다른 사람을 이용하고, 내가 원하는 것을 주지 않는 사람에게는 강하게 복수해야 한다(삶의 전략)(기저요인). 이러한 패턴은 자기중심적인 태도, 제한된 의사소통기술, 공감능력 결여로 인해 유지되고 있다(유지요인).

- **4단계**: 현수는 한국인 아버지와 필리핀인 어머니를 둔 다문화 학생으로서의 정체성을 갖고 있다(문화적 정체성). 문화적응 수준은 높은 편이며 학교에 다문화 학생이 많아 학교생활에는 큰 문제가 없는 편이다. 그러나 어머니와의 의사소통이 자유롭지 않은 것에 스트레스를 느낀다(문화적응 스트레스). 최근 분노로 인한 친구들과 싸움은 충분한 보살핌과 사랑을 주지 않은 부모양육에 의한 불안, 슬픔의 결과라고 생각한다(문화적 설명). 성격 역동이 우세하게 작동하고 있으며, 현수의 호소문제

와 생활양식 패턴을 적절하게 설명하고 있다(문화 대 성격).

- **5단계**: 현수의 강점은 축구와 야구에 대한 지식이 해박하고, 여러 나라의 유명한 운동선수에 대한 폭넓은 정보를 가지고 있다. 운동을 좋아하고 승부욕이 강하며 축구와 야구에도 소질이 있다. 자신이 좋아하고 관심 있는 분야는 집중해서 공부하고 정보를 수집하는 능력이 있다. 또한 그리기를 좋아하여 종종 관찰한 것을 자세하게 그림으로 표현한다.
- **6단계**: 보다 효과적으로 기능하기 위해 현수가 도전해야 할 과제는 열등감을 극복하고 자신감을 갖는 것이다. 또한 다른 사람을 존중하는 것이다(적응적 패턴). 낙담을 줄이고, 사회적 관심을 높이며, 긍정적 관계를 맺도록 노력하는 것이 주요 상담목표이다(상담목표). 상담의 초점은 잘못된 신념과 낙담으로 촉발되거나 악화된 상황을 분석하려고 한다(상담초점). 기본적인 상담전략은 사회적 관심과 건설적 행동 촉진하기, 지지, 격려하기이다(상담전략). 긍정적인 관계를 맺기 위해 강점 찾기, 격려하기, 점심 짝꿍 만들기, 다양한 모둠 활동, 협동작품 만들기를 한다. 학급회의를 통해 학급 규칙을 함께 세우며, 합의된 규칙을 책임감 있게 지킬 수 있도록 돕는다. 상담을 효과적으로 이끌기 위해 자신의 생활양식을 탐색하는 기회를 제공한다. 초기기억, 동적 가족화, 출생순위 등을 통해 자신의 부적응적 패턴을 발견하여, 적응적인 패턴으로 변화할 수 있도록 돕는다. 5단계에서 발견한 현수의 보호요인인 축구와 야구에 대한 수준 높은 정보 및 그림 그리기 능력 등을 활용

하는 상담개입 방법을 모색한다. 현수의 강점을 통해 다른 친구들에게 공헌하는 경험을 갖게 함으로써 자아존중감을 향상시킨다(상담개입).

- **7단계**: 다만 오랜 습관처럼 자신의 문제행동을 축소하려는 자기중심적 사고 패턴이 단기간에 변화하기는 어렵다. 꾸준한 상담개입과 격려를 통해 지속해서 실천할 수 있도록 조력해야 한다. 또한 가정과 연계하여 현수를 상담하는 과정에서 공장 일로 바쁜 어머니의 일정과 의사소통을 방해하는 언어적 장벽이 제한적인 요소가 될 수 있다(상담 장애물). 가정과 긴밀하게 연계하기 위한 가족상담을 한다. 다문화 지원센터와의 연계 프로그램을 통해 현수 어머니가 한국어 교육을 받을 수 있도록 지원한다. 효과적인 의사소통기술을 교육하고 가족구성원 간 대화시간을 마련하며, 현수에게 적절한 관심과 돌봄을 줄 수 있는 가정환경으로 변화하도록 돕는다(문화적 상담개입).
- **8단계**: 현수가 가정에서 충분한 돌봄을 받고 의미 있는 대화가 증가하면 학급 내에서도 친구들과 건설적인 방법으로 관계를 형성할 것이라고 기대된다. 다른 사람들에게 격려를 받고, 친구를 격려하면서 긍정적으로 관계가 개선되면 상담의 예후는 보통에서 좋음일 것으로 판단된다(상담예후).

4. 사례개념화 예시 2: 정아 사례

정아는 15세 중학교 2학년 여학생이다. 최근 새로운 학교로 전학하여 무기력하고 우울한 기분이 들고 사회적 고립감을 느끼는 것으로 평가되었다. 정아의 가족은 아버지, 어머니, 고등학교 2학년 오빠이다. 외할머니가 바쁜 부모님을 대신해서 식사를 챙겨주신다. 평소 아침마다 등교 후에는 늘 책상에 엎드려 있고 잠을 자거나 피곤한 모습으로 있고, 수업 활동에는 거의 참여하지 않는다. 목소리가 작고 자신의 의견을 말하는 데 어려움이 있으며 전반적으로 학교생활에서 즐거움을 느끼지 못한다. 교과 수업시간에 엎드려 자다가 담당 교사에게 혼이 났으나 교사의 질문에 아무런 대답도 하지 않고 계속 엎드려 있다가 상담에 의뢰되었다.

정아는 이전 학교에서 친구들과의 관계에 어려움이 있어서 전학을 오게 되었다. 불안한 표정이 많고 손톱을 자주 깨물고 다리를 떨곤 한다. 친한 여자친구 한 명을 제외하고는 다른 친구들과의 관계는 좋지 않다. 자신은 능력이 부족하다고 생각하며 으레 포기하고 아무것도 하려고 하지 않는다. 친구들이 학습을 도와주는 것도 좋아하지 않고 귀찮아하는 편이다. 책상 주변에는 물건들이 지저분하게 늘어져 있고, 수업시간에 멍하게 딴생각을 하며 모둠 활동도 거의 참여하지 않는다. 배가 고프지 않다는 이유로 급식을 자주 먹지 않고, 체육시간이나 참여하기 싫은 교과시간에는 아프다는 핑계로 보건실에 누워 있을 때가 많다. 집중력이 부족하고 다른 사람의 질문을 잘 이해하지 못하며 무반응과 무표정으로 침묵한다. “나는 잘하는 일이 없는 것 같다.”라고 말했다. 혼자 집에서 핸드폰 게임을 할 때가 가장 행복하며, 아침에 일어나는 일이 정말 힘들다고 이야기하였다.

1) 아들러식 평가

진단적 평가 정보 외에 아들러식 평가에는 가족구도와 초기기억에 관한 내용이 추가된다. 가족구도를 살펴보면, 정아는 “엄마는 좋을 때도 있고, 안 좋을 때도 있다. 아빠는 무섭고 욱한 성격이다. 오빠를 좋아하지만 자주 볼 수 없다. 나는 혼자 있을 때가 많다.”라고 표현한 맞벌이 주말 부부 가정의 둘째 딸이다. 정아 아버지는 다른 지역에 근무하시며 가끔 만나는 정아에게 엄격하게 대하고 성격이 급한 편이다. 어머니는 바쁜 직장생활로 미안한 마음을 대신하기 위해 정아가 어렸을 때는 해달라는 대로 다 해 주었다. 그러다가 핸드폰 게임이나 학교생활에 대한 문제가 생기자 최근 정아와 자주 다투고 화를 내는 일이 많아졌다. 외할머니는 어머니를 대신해서 식사를 챙겨 주시지만, 정아의 다른 부분에 관해서는 관심이 별로 없으시다. 고등학생 오빠는 행실이 바르고 주변의 신망이 두터워서 정아가 부러워하는 대상이다. 하지만 오빠는 학교 기숙사에서 생활하고 있어 자주 만나지 못하는 실정이다.

정아의 두 가지 초기기억은 다음과 같았다. 첫 번째 초기기억은 일곱 살 때 유치원이 끝나고 집에 왔는데 내가 들어와도 아무도 나오지 않았다. 안방에서 이야기하며 웃는 소리가 들려 그곳으로 갔다. 오빠가 상장과 트로피를 받아와서 외할머니와 엄마가 기뻐하시면서 웃고 계시는 모습이었다. 혼자 조용히 서서 쳐다보고 있었다. 오빠가 부러웠고 내가 아무것도 아닌 것 같이 느껴졌다고 이야기하였다. 두 번째 초기기억은 다섯 살 때 어느 더운 여름날, 오빠와 함께 아이스크림콘을 맛있게 먹으려는 순간 실수로 땅바닥에 아이스크림이 떨어졌다. 너무 아쉽고 내가 멍청하게 느껴져서 눈물이 찔끔 났다. 우두커니 서서 떨어진 아이스크림을 한참동안 쳐다보고 있었다. 한편, 오빠가 엄마에게 일러서 혼날까 봐 두려운 마음도 들었다고 하였다.

〈표 5-7〉은 아들러 상담이론을 기반으로 하여 사례개념화의 17가지 주요 요소에 따라 정아의 진단적 평가와 아들러식 평가 결과를 요약한 것이다.

〈표 5-7〉 아들러 상담기반 정아의 사례개념화 요소

<table>
<tr><td>호소문제</td><td colspan="2">무기력, 우울 기분, 고립감</td></tr>
<tr><td>촉발요인</td><td colspan="2">새로운 학교로 전학에 대한 반응</td></tr>
<tr><td>부적응적 패턴</td><td colspan="2">안전하지 않다고 느낄 때 관계를 끊고 회피하며 아무것도 하지 않기</td></tr>
<tr><td rowspan="2">기저요인</td><td>가족
구도</td><td>무섭고 욱하는 아버지와 늘 바쁘고 방임하는 어머니, 남녀차별이 심하신 외할머니, 기숙학교에 있는 모범적인 고등학교 2학년 오빠</td></tr>
<tr><td>생활
양식
신념</td><td>나는 능력이 부족하고 결함이 있다. (자기관)
다른 사람들은 유능하고 똑똑하다. (타인관)
삶은 복잡하고 많은 것들을 요구하며 안전하지 않다. (세계관)
그러므로 안전하지 않다고 느낄 때는 관계를 끊고 회피하고 아무것도 하지 않는다. (삶의 전략)</td></tr>
<tr><td>유지요인</td><td colspan="2">맞벌이 부모의 방치로 밤늦게까지 핸드폰 게임, 수줍음, 습관화된 고립감</td></tr>
<tr><td>문화적 정체성</td><td colspan="2">주말 부부, 외조모에 의해 양육된 중산층 한국 가정</td></tr>
<tr><td>문화적응
스트레스</td><td colspan="2">남녀차별의 한국 문화, 여성은 남성에게 의존적이고 순종적이라는 기대감</td></tr>
<tr><td>문화적 설명</td><td colspan="2">아버지의 엄격함과 어머니의 방임으로 비일관적인 부모양육에 의한 불규칙적이고 성실하지 못한 생활습관과 자기중심적 사고</td></tr>
<tr><td>문화 대 성격</td><td colspan="2">문화적 역동과 성격 역동이 함께 의미 있게 작동함</td></tr>
<tr><td>적응적 패턴</td><td colspan="2">안전함을 느끼며 다른 사람과 관계 맺기, 불완전할 용기로 노력하기</td></tr>
<tr><td>상담목표</td><td colspan="2">우울과 낙담 줄이기, 관계기술 향상하기, 성공경험 갖기</td></tr>
<tr><td>상담초점</td><td colspan="2">소속감 증가, 회피적 패턴 감소하기</td></tr>
<tr><td>상담전략</td><td colspan="2">사회적 관심과 건설적 행동 촉진하기, 격려, '마치 ~인 것처럼' 행동하기</td></tr>
<tr><td>상담개입</td><td colspan="2">생활양식 평가하기, 초기기억 분석, 격려하기, 강점 찾기</td></tr>
<tr><td>상담 장애물</td><td colspan="2">불규칙한 식습관 및 수면 습관, 자기중심적 사고, 과도한 핸드폰 게임</td></tr>
<tr><td>문화적 상담개입</td><td colspan="2">가정과 연계, 부모교육</td></tr>
<tr><td>상담예후</td><td colspan="2">사회적 관계와 기술이 향상하고 규칙적으로 성실하게 생활한다면 좋음</td></tr>
</table>

2) 사례개념화 진술문

다음의 사례개념화 진술문은 앞에 제시한 아들러 사례개념화 8단계 모델에 따른다.

- **1단계**: 정아의 무기력, 우울기분, 고립감(호소문제)은 최근 새로운 학교로 전학한 일(촉발요인)에 대한 반응으로 보인다.
- **2단계**: 정아는 안전하지 않고 불안하다고 느낄 때 사회적 관계를 끊고 회피하며 아무것도 하지 않는다(부적응적 패턴). 정아의 움직임은 '물러서기'이며, 활동 수준은 '수동적'이다. 낙담과 무기력함으로 예상되는 위험을 최소화하고, 자신을 안전하게 보호하기 위해 타인과 거리를 두는 '회피하기' 목적을 추구하는 행동 패턴을 보인다.
- **3단계**: 정아의 아버지는 다른 지역에서 근무하시기 때문에 가끔 만나는데 그때마다 무섭고 욱하는 성격으로 인해 정서적 교류가 거의 없었다. 늘 바쁘고 허용적인 어머니는 그동안 정아가 원하는 대로 따라 주었다. 그러나 학교에서 친구와의 갈등, 핸드폰 게임으로 인한 수면 부족, 무기력한 모습 등으로 담임 선생님께 호출되어 부모 상담을 받은 후부터 정아에게 잔소리가 늘고 자주 다투며 화를 낼 때가 많았다. 식사를 챙겨 주시는 외할머니는 남아인 오빠에게는 사랑을 많이 주시지만, 여아인 정아에게는 별다른 관심이 없으시다. 남녀 차별적인 가족 분위기에도 불구하고 부러움과 존경의 대상인 고

등학교 2학년 오빠는 기숙사에서 생활하기 때문에 자주 만나지 못해 그리워한다. 이러한 가족구도에서 정아는 혼자 있는 시간이 많아 핸드폰 게임을 하며 시간을 보냈다. 무서움과 겁이 많은 정아는 다른 사람에게 먼저 말을 걸거나 거절당할까 봐 부탁하는 일이 거의 없었다. 늘 걱정이 많고 가족들 사이에서 정서적 안정을 느끼지 못하며 고립감을 느꼈다. 정아는 “다른 사람들은 나에게 관심이 없으며, 나는 잘하는 것이 없고 능력도 부족하다.”라고 하였다. 모범생인 오빠는 부모님의 자랑거리였고, 정아에게는 동경의 대상이었다. 가족들은 각자 자기 일에 바쁘며 자신에게는 관심이 없고 귀찮게 여긴다고 느꼈다. 생활양식 신념은 다음과 같았다. 나는 능력이 부족하고 결함이 있다(자기관). 다른 사람들은 유능하고 똑똑하다(타인관). 삶은 복잡하고 많은 것들을 요구하며 안전하지 않다(세계관). 그러므로 안전하지 않다고 느낄 때는 관계를 끊고 회피하고 아무것도 하지 않는다(삶의 전략)(기저요인). 이러한 부적응적 패턴은 맞벌이 부모의 방치로 밤늦게까지 핸드폰 게임을 하는 것, 수줍은 성격, 습관화된 고립감에 의해 유지되고 있다(유지요인).

- **4단계**: 정아는 주말 부부인 중산층 부모님과 외조모에 의해 양육된 한국인의 정체성을 갖고 있다(문화적 정체성). 문화적응 수준은 높으나 상당한 문화적응 스트레스가 있다. 이 가정에서 남성인 아버지의 경우 억압적이고 권위적이며, 오빠 역시 자신감과 힘이 넘친다. 반면, 여성인 어머니의 경우 눈치를

많이 보고 다른 사람에 기대와 바람에 맞춰 주는 허용적인 태도를 보이며, 정아 역시 무기력하고 무능력한 모습이 나타난다. 이러한 가정환경에는 남존여비(男尊女卑)의 오래된 한국의 문화적 배경이 존재한다. 외할머니는 손자인 오빠에게 관심이 집중되었고, 손녀인 정아에게는 관심조차 기울이지 않으셨다. 부모 세대 역시 여성인 어머니는 남성인 아버지에게 의존하고 순종하는 문화적 기대 속에서 생활하였다. 이러한 문화적 배경에서 양육된 정아 역시 어머니처럼 순응하고 의존하는 여성의 역할을 요구받고 있었다(문화적응 스트레스). 최근 무기력, 우울, 친구와 관계 맺기 어려움은 엄격한 아버지와 방임하는 어머니 간의 불일치한 부모양육 태도에 의한 불규칙적이고 허용적인 생활습관의 결과라고 생각한다(문화적 설명). 문화적 역동과 성격 역동이 함께 의미 있게 작동하고 있으며, 정아의 호소문제와 생활양식 패턴을 적절하게 설명하고 있다(문화 대 성격).

- **5단계**: 가족으로부터의 지원은 정아의 보호요인으로 작동할 수 있다. 특히 정아와 어머니와의 친밀한 관계경험이다. 사춘기 이전까지 정아는 엄마가 전적으로 자기편이었다고 말했다. 어머니와의 안정적인 애착은 정아가 바른 습관 형성을 위해 노력하는 데 자원이 될 것이다. 정아와 오빠와의 좋은 관계 역시 중요한 자원이 될 수 있다. 유능한 오빠에 대한 남녀 차별적인 문화가 있었음에도 정아는 오빠에 대해 호감과 동경을 느낀다. 그러므로 오빠의 도움이나 격려는 정아가 무능

력에서 희망을 찾아 용기를 얻는 힘이 될 것이다.

- **6단계**: 보다 효과적으로 기능하기 위해 정아가 도전해야 할 과제는 안전함을 느끼며 다른 사람과 관계를 맺고, 불완전할 용기를 갖고 새로운 시도를 하기 위해 노력하는 것이다(적응적 패턴). 우울과 낙담 줄이기, 관계기술 향상하기, 성공경험 갖기가 주요 상담목표이다(상담목표). 상담의 초점은 가정과 학급의 소속감을 증가시키고, 회피적인 패턴을 감소시키는 데 둔다(상담초점). 기본적인 상담전략은 사회적 관심과 건설적 행동 촉진하기, 격려하기, '마치 ~인 것처럼' 행동하기이다(상담전략). 긍정적인 관계를 맺기 위해 사회적 기술을 교육하여 현재 유일한 단짝 친구와 즐거운 경험을 갖게 하고, 점차 대인관계의 폭을 넓힐 수 있게 한다. 학급회의를 통해 학급에서의 역할을 함께 나누어 맡게 하고, 자신이 할 수 있는 작은 일부터 책임감 있게 해 나가며 사회적 관심을 향상하도록 한다. 부모상담을 통해 규칙적인 식습관 및 수면습관의 중요성과 학업 및 교우 관계에 미치는 영향력을 탐색하면서 가정과의 협력체계를 만든다. 상담을 효과적으로 이끌기 위해 자신의 생활양식을 알아차리도록 돕는다. 초기기억, 가족화, 출생순위 등을 통해 자신의 부적응적인 패턴을 발견하도록 이끌고, 건설적인 행동 패턴으로 변화하도록 돕는다. 정아는 수줍음이 많고 에너지 수준이 낮으므로 쉽게 포기하고 금방 지칠 수 있으나 격려하기와 '마치 ~처럼 행동하기'를 통해 자신감을 향상하도록 한다(상담개입).

- **7단계**: 무기력하고 고립되어 오랜 시간 동안 위축되었던 정서 상태가 단기간에 변화하기는 어렵다. 의존적이고 회피적인 특징을 보이는 정아는 개인적인 문제를 논의하는 데 어려움이 있고, 약속을 잘 지키지 않거나 지각을 하여 상담자가 자신을 비난하고 포기하도록 상담자를 조정할 수 있다. 정아는 늑장을 부리며 감정을 회피하고, 상담자의 신뢰와 인내를 시험할 수도 있다. 또한 핸드폰 게임은 중독성이 있어서 단번에 시간을 줄이거나 게임에서 빠져나오기가 쉽지 않다. 꾸준한 상담개입을 통해 지속해서 실천할 수 있도록 포기하지 않고 조력하는 것이 필요하다. 한편, 정아의 대인관계 폭이 넓어지지 않는 한, 어렵게 신뢰관계를 구축한 상담자에게 매달리고 의존하여 종결이 힘들어질 가능성도 높다(상담 장애물). 상담 장애물을 극복하기 위해 가정과 연계하여 가족상담을 실시한다. 양성평등, 효과적인 의사소통 방법을 교육하며 가족구성원 간 의미 있는 교류 시간을 마련한다. 정아의 수면 습관 및 식습관 개선, 핸드폰 사용 제한과 같은 적절한 돌봄과 규칙 형성에 도움을 줄 수 있는 가정환경으로 변화하도록 돕는다(문화적 상담개입).
- **8단계**: 정아가 가정과 학교에서 격려를 통해 성공경험을 만들어 자신감을 키우고, 관계기술을 향상한다면 상담의 예후는 좋을 것으로 판단된다. 만약 그렇지 않다면 예후는 보통이다(상담예후).

5. 사례개념화 결론

아들러 심리학은 내담자를 독특하고 창조적인 생활양식을 가진 고유한 존재로 바라본다. 생활양식은 자신, 타인, 삶에 대한 이미지 그리고 이상적인 자기에 대한 이미지이다. 즉, 이상적인 자기가 되기 위해 또는 목적을 향한 움직임에서 주로 사용되는 핵심적인 전략들이다. 또한 안전, 보호, 자아존중감, 성공을 향해서 그리고 불안전, 위험, 좌절로부터 자기 자신을 지키기 위한 목적으로 움직일 때 사용하는 방법들이다(Wolf, 1984). 인간은 정형화되고 결정된 존재가 아닌 독창적인 존재이기 때문에 상담자는 내담자의 세계를 이해하기 위해 개방된 자세로 최선을 다해 노력해야 한다. 내담자만의 고유한 생활양식에 담긴 창조적 자기(creative self)와 패턴을 정확하게 이해하는 것은 아들러 사례개념화의 핵심이 된다.

무엇보다 내담자가 열등감을 보상하기 위해 노력하는 우월성 추구과정을 이해하는 것이 중요하다. 마이너스(-)에서 플러스(+)로 보상하고 채우기 위한 내담자의 움직임, 자기보호 경향성, 행동, 감정 등에 주목함으로써 내담자의 고유한 패턴을 탐색한다. 이러한 움직임, 정서, 사고방식은 내담자의 행동동기가 되며, 이러한 행동들의 장기적인 삶의 이야기가 바로 생활양식이 된다. 아들러 심리학 이론으로 사례개념화를 하려는 상담자는 내담자의 생활양식을 이해하기 위해 가족구도, 가족 분위기, 심리적 출생순위, 사적 논리, 초기기억, 꿈 등을 수집하고 평가한다(Sweeney, 1998).

아들러 사례개념화에서는 내담자가 사회적으로 유용한 바람직한 생활양식을 갖춘 사람으로 재정향(reorientation)하도록 돕는 상담 개입과 전략을 분명하게 찾을 수 있다. 특히 내담자의 보호요인, 즉 강점과 자원에 초점을 두며 내담자를 치료적 전문가로서 존중하고 평등하게 대한다. 내담자의 신념, 감정, 견해를 진심으로 소중하게 여기며 내담자가 자신의 온전한 이야기를 펼칠 수 있도록 조력한다. 상담자는 내담자의 삶을 더 잘 이해하기 위한 사례개념화 과정에 참여하면서 내담자와 함께 알아가는 것을 선택한다. 미리 앎(pre-knowing)이나 추정하기(assuming)와 같은 권위적인 분석가의 자세에서 벗어나, 알지 못함(not knowing)의 진정어린 호기심이 있는 평등한 자세를 취한다. 상담자는 한쪽 눈으로 자신이 알지 못하는 내담자의 측면을 주시하면서 동시에 다른 쪽 눈으로는 안다고 느끼는 것에서 시선을 떼지 않는 법을 배워야 한다. 이것이 앎과 알지 못함 사이의 창조적 긴장이다(Casement, 2013). 상담자는 사례개념화 과정에서 내담자가 주체성을 갖는 동시에 상담자와 더불어 강점과 자원을 찾아감으로써 자신에 대해 통찰하고 바람직한 생활양식으로 변화하도록 돕는다.

사례개념화는 상담 전문가들이 숙련되기를 바라는 가장 중요한 능력 중 하나이다. 사례개념화는 임상적으로 유용하고, 증거기반 실천을 대표하며, 상담성과에 긍정적인 영향을 미친다. 사례개념화 역량을 키우는 과정은 이론과 실제를 통합할 수 있는 능력을 기르는 좋은 기회가 될 수 있다. 아들러 상담기반 사례개념화 8단계 모델을 꾸준하게 연습함으로써 점차 사례개념화의 전문가적 역량을 갖추게 될 것이라 확신한다.

사례개념화를 통해 당신은 내담자의 호소문제에 적합한 평가를 하는 조사관(investigator), 내담자와 함께 효과적인 상담의 과정을 디자인하는 계획자(planner)가 될 것이다. 또한 적절한 설명력과 예측력을 갖춘 사례개념화를 실행함으로써 내담자의 상담예후를 판별하는 예측자(forecaster)가 될 것이다. 사례개념화를 적극적으로 사용할 때, 내담자는 당신이 진심으로 공감하였으며, 상담과정은 효과적이었다고 인식할 것이다.

6장
아들러 상담의 공헌점과 비판점

사람이 된다는 것은 자신이 열등하다고 느끼는 것을 의미한다.

– Alfred Adler

1. 공헌점 및 장점

아들러 상담이 상담 및 심리치료, 교육 등의 영역에서 이룩한 주요 공헌점 및 장점으로서, 현대 상담 및 심리치료 이론들의 기반 제공, 미래지향적 이론, 교육적 이론, 내담자 평가의 독특성, 다문화 및 국제적 적용 가능성, 동기 개념의 변증법적 통합, 다양한 소외계층에 관심, 통합적 융통성 등을 중심으로 기술하고자 한다.

1) 현대 상담 및 심리치료 이론의 기반 제공

'모든 심리치료자는 자질 측면에서 아들러 이론가이다. 유일하게 질문할 수 있는 것은 그가 아들러 이론가인가 아닌가의 문제가 아니라 어느 정도 아들러 이론가인가이다.'(Carlson & Carlson, 2017)라는 유명 아들러 이론가의 표현처럼 정신분석 및 행동주의 이론을 제외한 대부분의 현대 심리치료 접근은 아들러 이론에 뿌리를 두고 있다. 오늘날 대표적인 심리치료 이론으로서 인간중심치료, 실존치료, 인지치료, REBT, 의미치료, 전략적 치료, 구성주의 치료, 긍정심리학, 그리고 가족치료 등이 아들러 이론에 기반을 두고 있다. 비슷한 맥락에서 인지상담을 주창한 Ellis도 다음과 같이 주장하고 있다. 'Adler는 Sullivan, Horney, Fromm, Rogers, May, Maslow 및 다른 많은 심리치료 이론가에게 강력한 영향을 주었으며, 이들 중 몇몇은 신프로이트 학파로 잘못 불리고 있는데 더욱 정확하게 신아들러 학파로 불릴 수 있다.'(Ellis, 1970). Maslow는 건강과 인간의 잠재 가능성에 초점을 두었고 Rogers는 인간관계, Glasser는 선택, Beck과 Ellis는 인지능력, 가족치료 이론가들은 의사소통과 가족구조 등을 중심으로 아들러 이론 및 개념들을 확장해 왔다. 이미 100여 년 전에 제안된 아들러 이론 및 기법들이 그후 많은 심리치료자에 의해 성공적으로 적용되어 왔다는 사실은 아들러 이론의 계속된 타당화 과정으로 해석될 수 있다. 심리치료 및 심리학 분야에서 Adler는 Freud나 Jung만큼 명성을 얻지는 못했지만 최고의 개척자로 평가될 수 있다(Maniacci, Garlson, & Maniacci, 2017).

2) 미래지향적 이론

아들러 이론이 미래지향적임을 나타내는 대표적인 개념이 목적론적 관점일 것이다. 여기서는 개인을 목표추구 과정에 있는 존재로서 파악한다. 이와 관련하여 세 가지 측면의 인간관을 고려할 수 있다(Manaster & Corsini, 1982). 첫째, 인간은 과거 경험으로 통제되고 이해할 수 있다는 입장으로 '과거가 현재를 결정한다.'는 관점이다. 대표적인 이론으로서 행동주의 심리학이나 정신분석을 들 수 있을 것이다. '학습된 존재' '조건화된 존재'라는 행동주의 심리학 표현 속에 이러한 입장이 잘 드러나 있다. 또한 Freud에 의해 전개된 정신분석에서는 '결정론'적 입장이 핵심이다. 정신분석에서는 무의식의 개념을 바탕으로 생의 초기 경험을 중시한다. 현재의 부적응 행동이나 증상의 원인을 과거 어린 시절의 부정적 경험 및 정서, 트라우마 등으로 설명하고 있어서 인과적 결정론으로 불리기도 한다. 이러한 관점에서는 개인의 현 상태나 미래를 향한 의지 등은 전혀 들어설 여지가 없고 개인은 단지 '과거의 노예'로 전락하고 만다. 둘째, 인간 이해에 있어서 지금-여기를 중시하는 관점이다. 어떠한 개인도 현재 순간의 지각 방식에 의해 설명할 수 있다는 관점을 취하고 있다. 즉, 인간 이해에 있어서 과거나 미래보다는 현재가 중요하다는 것이다. 대표적인 입장으로 인간주의 심리학을 들 수 있을 것이다. 셋째, 인간은 그가 지향하는 목표에 의해 가장 잘 이해될 수 있다는 목적론적 관점이다. 이는 바로 아들러 이론의 기본전제이며, 개인이 추구하는 목표는 미래 시점을 의미한다. 목적론과 관련하여 아들러 이론에서는 선택성을 추가하고 있다. 즉, 개인이 추구하는 목표는 그가 스스로 선택한 것임을 강조하고 있어서 '선택적 목적론'으로 표현될 수 있다.

인간 이해에 있어서 이상의 세 관점이 모두 의미가 있고 시간 측면에서 과거, 현재, 미래가 역동적으로 상호작용하는 것으로 설명할 수 있지만 아들러 이론에서는 목표점으로서 미래가 개인을 가장 잘 설명하고 있음을 강조하고 있다. 이와 관련하여 세 명의 세계적인 상담자 및 심리치료가에 대한 오래된 조크를 소개하면 다음과 같다(Maniacci et al., 2017). 'Freud는 환자 뒤에 있고'(환자의 과거를 들추는 고고학자에 비유), 'Rogers는 환자와 함께 있고'(환자의 현재 정서에 주목), 'Adler는 환자 앞에 있다'(환자가 지향하는 목표나 상황에 관심).

3) 교육적 이론

아들러 이론 및 개념들은 이미 AP(Active Parenting)나 STEP(Systematic Training for Effective Parenting)과 같은 세계적인 부모교육 프로그램으로 구안되어 널리 활용되고 있으며, 이는 경험적인 증거나 타당성을 충분히 확보하고서 실천되는 아들러 개념으로서 평가되고 있다(Carlson & Carlson, 2017). 최근 들어, 아들러 이론가들에 의해 학교교육 장면에서의 아들러 이론의 활용에 많은 관심이 주어지고 있다. 이는 제2의 Adler로 불리는 Dreikurs의 공헌에 크게 의존하고 있다. 여기서는 사회적 평등 및 상호존중의 개념을 기초로 '민주 교실'이라는 주제하에 바람직한 지도 방향 및 구체적인 지도 기법들을 제시하고 있다. 그동안 학교나 교실 장면에서 학생지도 활동을 주도한 원리는 상벌을 근간으로 하는 행동주의 심리학이었음은 부정할 수 없다. 사실 학교뿐만 아니라 가정이나 다른 생활공간에서도 지배적인 지도 원리는 행동주의 기법들이었다. 상벌을 근간으로 하는 행동주의적 접근은 본질적으로 한계를 지니고 있으며, 학교나 가정 현장에서 많은 부작용을 드러내 왔다(Kohn, 1993). 근래에 학교 장면에서 학생인권 문제가 크게 부각되면서 체벌금지 등이 제도화되었고 동시에 학생지도 문제가 커다란 이슈로 등장하게 되었다. 이런 상황에서 아들러 관점 및 개념들이 학생지도의 강력한 대안으로 활용될 수 있다. 민주 교실이라는 주제하에 관련 문헌들에는 구체적이고 다양한 장면에 적용할 수 있는 원리 및 지침들이 제시되고 있는데, 여기서는 몇 가지 핵심 개념을 중심으로 요약하고자 한다.

첫째, 전술한 목적론의 관점에서 학생들이 나타내는 교실 부적응 행동의 목표를 네 가지로 정리하고 있음은 인상적이다. 네 가지 목표는 관심 끌기, 힘겨루기, 복수하기, 무능력 보이기를 말한다. 교사 입장에서 부적절하고 파괴적인 학생의 행동을 지도하기 위해서는 목표를 이해하는 것이 절대적으로 필요하다. 학생의 행동 및 태도, 그리고 교사 반응을 단서로 활용하여 네 가지 목표를 정확하게 파악할 수 있다. 여기서 교사의 관심은 학생의 잘못한 행동이 아니라 학생들이 자신의 잘못된 행동목표를 알아차리고 바람직한 방향으로 행동을 수정하도록 이끌어 주는 것이다. 이와 관련하여 필수적인 기술로서 4Cs(Connect, Capable, Count, Courage)를 들고 있다(유리향, 선영운, 오익수, 2018). ① '관심 끌기'라는 부정적인 목표를 '협력'이라는 긍정적인 목표로 교정하기 위해 효과적인 의사소통기술을 활용한 건설적 관계(Connect)를 형성하도록 도울 수 있다. ② '힘겨루기'라는 부정적인 목표를 추구하는 학생들에게 건설적인 방법으로 능력(Capable)을 갖게 하여 '독립'이라는 긍정적인 목표로의 변화를 도울 수 있다. ③ '복수하기'라는 부정적인 목표를 추구하는 학생들에게 건설적인 방법으로 중요성(Count)을 갖도록 하여 '공헌'이라는 긍정적인 목표로의 변화를 도울 수 있다. 이때 자신이 중요한 존재이고 영향력이 있음을 보이기 위해 책임을 지는 것이 필수적이다. ④ '무능력 보이기'라는 부정적인 목표를 '적응 유연성(혹은 유능감)'이라는 긍정적인 목표로 변화시키기 위해 용기(Courage)를 갖도록 도울 수 있다.

둘째, 전통적인 지도방식의 하나로서 학교나 가정에서 보편적으로 사용되어 온 '보상'(칭찬을 포함한 각종 긍정적 강화) 개념의 대안으로서 '격려' 개념을 강조하고 있다. 식물에게 햇빛과 물이 필요한 것처럼 인간에게는 격려가 필요하다(Dreikurs, 1971). 격려(encourage)란 어원적으로 보면 용기를 불어넣는 과정이다. 용기는 개인의 성장과 변화를 가져오는 데 근본적인 힘이 되기 때문이다. 따라서 아들러 이론에서는 학생들의 부적응 행동 혹은 문제행동은 용기가 부족한 데서 기인한 것으로 설명한다. 이런 측면에서 아들러 이론은 '용기 심리학'으로 불리기도 한다. 격려의 개념을 그동안 관례적으로 사용해 온 '칭찬' 개념과 비교하면 다음과 같다. 먼저 칭찬은 수직적 인간관계를 전제하고 있다는 점이다. 이는 칭찬의 평가적 속성과 관련되는데 칭찬은 능력 있는 사람(주로 교사나 부모 같은 성인들)이 능력이 부족한 사람(주로 학생이나 자녀와 같은 아동들)에게 내리는 평가적 속성을 지니기 때문이다. 따라서 평가를 하는 사람은 평가를 받는 사람에 비해 우월한 위치에 있음을 전달하게 된다. 이러한 수직적 인간관계에 기초한 칭찬은 개인과 공동체의 성장을 방해할 수 있다. 다음으로 칭찬은 칭찬받는 사람의 자기수용을 어렵게 한다. 즉, 칭찬의 평가적 속성은 '잘했을 때만 혹은 성공했을 때만 가치가 있다.'는 메시지를 전달함으로써 칭찬을 받지 못했을 때는 스스로를 보잘것없는 존재로 생각하게 된다. 이는 당사자에게 벌의 의미를 갖게 되는 것이다. 이렇게 칭찬은 수행의 결과에 초점을 둠으로써 실패에 대한 두려움을 조장할 뿐만 아니라 있는 그대로 자신을 받아들이는 것을 방해한다. 다음으로 칭찬과 같은 외적 동기유발 방식은 학생의 내재적 동기 유발을 가로막는다. 교사나 부모의 칭찬에 익숙해진 학생은 자신의 강점이나 흥미를 살피고 그에 따른 긍정적 정서 및 동기를 경험하는 데 소홀하게 된다. 이렇게 외적 동기유발 방식으로서 칭찬은 내재적 동기유발을 가로막아 본질적 성장을 방해할 수 있다.

반면, 아들러 심리학에서는 칭찬 대신에 격려를 사용할 것을 적극 추천한다. 우선 격려는 주고받는 사람들 간에 인격적으로 동등한 위치에서 이루어지며, 수행이나 성취 결과보다는 과정에 초점을 두고 학생의 노력을 강조하고 있기 때문에 더욱 광범위한 상황에서 활용될 수 있다. 이와 관련하여 격려는 상대에 대한 평가가 거의 없으므로 상대방은 수용받는다는 느낌을 갖게 된다. 이는 평가적이고 판단적인 칭찬과 구별되는 점이다. 또한 격려는 구성원 간의 협력과 공동체에 대한 공헌을 강조하고 있어서 경쟁의식을 자극하는 칭찬과 구별된다. 나아가 격려는 실패나 불완전함을 수용하게 함으로써 도전정신이나 자립심을 길러준다. 이는 실패에 대한 두려움을 조장하고 포기하게 만드는 칭찬과 구별되는 점이다.

셋째, 아들러 이론에서는 전통적으로 학교나 가정에서 훈육의 수단으로 많이 사용되어 온 처벌의 대안으로서 '결과', 즉 논리적 결과와 자연적 결과를 제시하고 있다. 전술한 것처럼 처벌은 학생의 행동을 통제하는 대표적인 행동주의 기법의 하나이다. 처벌은 일시적으로 학생의 부적응 행동을 멈추게 할 수는 있을지 몰라도 훈육의 기능을 제대로 수행할 수 없다. 문제 행동을 교정하기 위해서는 자신의 행동에 대한 책임감을 깨닫게 하는 것이 절대적으로 필요하다. 이를 위한 방법으로서 아들러 이론에서는 자신이 선택한 행동에 따르는 결과를 직접 경험하도록 하는 것을 제시한다. 그 결과는 자신의 행동에 자연스럽게 뒤따르는 것(자연적 결과)이거나 논리적으로 연관된 것(논리적 결과)이어야 한다. 사실 전통적인 처벌이 행동 개선 효과를 크게 갖지 못하는 것은 학생의 행동과 관련성이 거의 없기 때문이다. 아들러 이론에서는 선택의 자유와 그에 따른 책임감을 강조한다. 따라서 교사나 부모의 중요한 역할로서 학생이나 자녀에게 자신이 선택한 행동에 대한 책임감을 갖는 태도를 길러 주는 것을 강조하고 있다. 자연적 결과란 자신이 선택한 행동에 자연적으로 뒤따르는 결과를 의미한다. 즉, 자연의 질서를 배우게 하는 것이다. 예를 들면, 자동차에 기름을 넣지 않고 운행하게 되면 자동차가 멈춰서는 결과라든가 맨발로 걷게 되면 돌부리에 다치게 되는 결과 등을 경험하게 된다. 여기에는 누구의 개입도 없으므로 당사자는 반발심 없이 수용하게 된다. 자연적 결과를 활용할 때 유의할 점으로는 끝까지 학생이나 자녀를 존중하는 태도를 취하고 경험에 따른 잔소리나 설교를 하지 않는 것이다. 자연적 결과를 활용하는 데 따르는 한계로서 결과를 경험하기까지 너무 장시간이 소요될 경우가 있으며, 안전과 건강에 심각한 위협이 따를 때는 사용할 수 없다는 점이다. 책임감을 길러 주는 또 하나의 유용한 도구로서 논리적 결과는 학생이 사회적 질서에 어긋나는 행동을 했을 때 그에 따른 대가를 경험하게 하는 것인데, 다른 사람에 의해 의도적으로 개입된 결과라는 점에서 자연적 결과와 차이가 있다. 여기서 경험하는 대가는 본인의 행동과 논리적으로 관련된다는 점이 중요하며, 이것이 처벌과 구분되는 핵심이다. 논리적 결과를 통해 학생은 사회의 질서를 배우고 자신의 행동에 대한 책임을 배운다. 논리적 결과를 적용하는 데 있어서 충분한 대화나 합의가 필요하며, 그 과정에서 학생의 선택이 존중되어야 한다. 또한 항상 학생을 존중하는 태도를 유지해야 하며, 합의된 결과는 일관성 있게 실천하고 화가 났을 때는 사용하지 않는 것이 좋다.

4) 내담자 평가의 독특성

아들러 이론의 핵심 개념의 하나로 생활양식(life style)을 들 수 있다. 이론에 따르면 사람은 자신의 고유한 생활양식에 따라 일생을 살아간다. 생활양식은 단순 개념이 아니라 개인의 인생관이나 가치관, 문제해결 방식, 행동 방식 등 성격의 다양한 측면과 관련된 포괄적인 개념이다. 아들러 식으로 접근하는 상담 장면에서 상담이란 결국 내담자의 잘못된, 부적응적인 생활양식을 바람직하고 적응적인 생활양식으로 변화시키는 의미를 지니게 된다. 따라서 아들러 상담에서 내담자의 생활양식 평가는 상담자에게 주어진 중요한 역할의 하나이다. 상담자는 다양한 정보원을 통해 내담자의 생활양식을 평가하고 파악하지만 아들러 이론에서는 출생순위를 포함한 가족구도, 초기회상, 행동관찰을 주요 정보원으로 활용한다. 물론 개발되어 있는 다양한 생활양식 검사를 활용할 수도 있다. 특히 초기회상 방식은 투사적 원리를 활용한 것으로서 다른 상담이론에서는 거의 찾아보기 힘든 독특한 접근이다. 이는 개인의 과거 기억을 통해 현재 생활양식과 관련된 유용한 정보를 얻어 내는 기법이다. 개인의 수많은 기억 중에서 자신의 현 상황과 관계된다고 느낀 것만을 선택적으로 회상하는 원리를 활용한 것이다. 따라서 초기회상은 자신과 타인, 그리고 세상을 보는 관점, 즉 개인의 생활양식을 이해하는 훌륭한 방법이다. 여기서 회상 내용이 초기에 일어났는지 여부, 혹은 실제로 일어났는지 여부는 중요한 것이 아니다. 특히 자신을 언어로 표현하는 데 어려움을 갖는 내담자에게 있어서 초기회상 그림으로부터 얻는 상세한 정보와 해석은 효과적인 자료가 된다. 초기회상 자료수집을 위한 지침으로서 회상내용이 한 시점의 단일 사건이어야 하고 시각화할 수 있어야 하며, 생생한 회상 장면과 함께 내담자의 느낌이 표현되어야 한다. 일반적으로 8~10개 정도의 회상 자료가 수집되며, 보통 3개 정도면 생활양식의 패턴이 비교적 명백하게 드러난다(Carlson & Carlson, 2017). 그림이나 언어적 수단을 통해 얻어진 회상 정보들은 보통 일반적인 해석지침을 활용하여 생활양식 평가에 유용한 정보로 전환된다. 해석지침의 예를 들면, 자신이 능동적인가, 수동적인가? 주고 있는가, 받고 있는가? 혼자인가, 같이 있는가? 어떤 정서를 활용하는가? 고정관념이 드러나는가? 등이다.

초기회상 정보를 유용하게 활용하기 위해서는 많은 해석 경험과 슈퍼비전이 필요하며, 훈련과정에서 세 가지 방법을 적용할 수 있다(Bitter, 1985). 첫째, 회상 내용을 토대로 유형(typology)으로 구분해 보는 방법인데 정보가 역동적이지 못해서 많은 정보를 주지 못한다. 둘째, 표제어(headline) 방법인데 신문의 표제처럼 6~7개 단어로 회상의 핵심 내용을 표현한다. 유형론 방법에 비해 좀더 유용한 정보를 얻어 낼 가능성은 있으나 회상의 핵심을 파악해야 하는 위험부담이 따른다. 셋째, 생활양식의 구성요소로 볼 수 있는 자아개념, 자아이상, 세계관, 윤리적 신념 등과 같은 4개 정도의 주제에 따라 정리해 보는 방법으로 이 주제들 간에 서로 연계성이 중요하다. 연계성이 없다면 구체적인 패턴이 드러나지 못하고 단편적 정보에 그칠 가능성이 많다.

아들러 이론에서는 개인이 변하면 초기회상 내용이 변한다고 전제하기 때문에 보통 상담 종결 시에 초기회상 내용의 변화 여부를 점검한다. 또한 중요한 것은 개인의 생활양식 평가자료로서 초기회상 정보에만 의존하는 것보다는 전술한 가족구도에 관한 정보, 다양한 행동관찰로부터 얻은 정보 등을 서로 관련시켜 폭넓게 사용해야 한다는 점이다.

5) 다문화 및 국제적 적용 가능성

아들러 이론이 지닌 장점 및 공헌점의 하나로 다문화 및 국제적 맥락에서 효과적으로 적용되어 왔다는 점이다. 이런 측면에서 아들러 이론의 적응 및 조절 기능을 부각시키고 있다(Sperry & Carlson, 2012). 즉, 목표가 되는 문화적 맥락에 부응하기 위해 필요한 과정으로서 어떤 국가에서는 동화가 다른 국가에서는 조절이라는 '문화적 교환(cultural exchange)' 과정이 존재한다는 것이다. 이는 아들러 접근의 융통성을 의미하는 것으로 이론의 정체성을 잃지 않고 문화적 조절기능이 수행되는 것이다. 아들러 이론이 효과적인 다문화 치료기능을 수행할 수 있는 핵심 요인으로서 내담자와 치료자 간 치료동맹, 사회적 평등 및 사회정의에 초점, 전체적 접근, 맥락에 따른 인간관을 비롯하여 개인의 강점 및 낙관성, 그리고 격려 및 지지를 강조하고 있는 속성들을 들고 있다(Carlson & Carlson, 2017).

다문화 적용이라는 측면에서 아시아 국가들에서 각 국의 문화적 특성과 아들러 이론을 연계한 연구의 예를 들면 다음과 같다(Carlson & Carlson, 2017). 불교의 영향을 많이 받은 태국문화와 아들러 이론 간의 공통점으로서 인간의 사회성 및 인간관계에 높은 가치를 부여하고 있음이 연구를 통해 부각되었다. 또한 Sun과 Bitter(2012)에 의해 중국과 남한의 문화적 특성과 아들러의 사회적 관심 개념 간의 유사성이 제시되었는데 특히 남한에서 '정'이라는 문화적 특성이 사회적 관심과 유사함을 드러내고 있다. 남한 사회에서 정이란 공감, 연민, 정서적 애착의 조합으로서 개인 간 연대를 유지하고 타인에 대한 관심을 나타내는 핵심이다.

그리고 남아프리카 지역의 학교에서 새로운 심리사회적 도전을 전달하기 위해 아들러 이론을 활용하고 있다(Brack, Hill, Edwards, Grootboom, & Lassiter, 2003). 학교 상담자들은 수십 년에 걸친 인종, 성, 계층 정책과 관련된 도전들을 해결하기 위해 자신들의 전통적인 'Ubuntu' 철학을 아들러 원리들과 통합시키고 있다. 'Ubuntu' 철학의 핵심은 '사람은 타인을 통해서 만이 사람이 될 수 있다.'는 내용이다.

6) 동기 개념의 변증법적 통합

아들러 이론이 지니는 장점의 하나로 이론의 바탕이 되는 가정들이 유용한 개념들로 구성되어 있다는 점이다. 목적론, 사회적 관심, 격려 등의 유용한 개념들은 이미 전술한 내용들에 부분적으로 반영되어 있어서 여기서는 동기와 관련된 개념을 기술하고자 한다.

아들러 이론에서는 동기의 두 가지 측면을 제시하고서 이들을 변증법적으로 설명하고 있다(Bitter & West, 1979). 한 측면은 열등감이며, 다른 측면은 열등감 보상, 우월성 추구, 혹은 성공이라는 목표 차원이다. 이 두 측면은 함께 제시되어 그 간극을 메꾸려고 움직이는데, 이것이 동기 개념이다. 이 상황에서는 목표를 본질로 간주하는데 성공이라는 목표가 없으면 열등감이 존재하지 않는다는 의미이다. 이는 기존 심리학에서 동기 개념을 욕구 심리에 근거한 단일 측면으로 설명하고 있는 것과 대조된다.

7) 기타

(1) 다양한 소외계층에 관심

Adler는 여성, 빈민, 노동자, 이주민 등 다양한 소외계층에 관심을 가졌고 이들을 위한 실제 활동에 많은 시간을 보냈다. 이는 당시에 주로 학문적인 관심이 강했으며, 상류계층의 사람들과 교류하고 활동했던 Freud와 대조되는 측면이기도 하다. 사회적 약자의 안녕에 대한 아들러의 깊은 관심 및 실천이 Freud와 결별하게 된 하나의 중요한 이유가 되었을지 모른다(Grey, 1998). Adler는 의과대학을 졸업하기 직전에 가난한 부모들을 대상으로 한 진료소에서 자원봉사를 하였고 이후에도 슬럼가에서 아동센터를 오랫동안 운영하였으며, 여성이나 이주민을 위한 다양한 강연 및 실천적 활동에 헌신하였다. 대표적인 아들러 이론가인 Dreikurs나 Mosak

등도 도시 슬럼가에 위치한 센터에서 사회적 약자들을 위해 열심히 일했다. 따라서 'Adler나 Dreikurs 개념 및 방법들이 중류 이상의 계층에 적합한 것 아닌가?'라는 비판들은 설득력을 잃는다.

(2) 통합적 융통성

아들러 심리치료에서는 이론적 가정에 위배되지 않는 한 다른 접근에서 사용하는 다양한 치료기법의 활용이 가능하다. Mosak은 어떠한 심리치료도 기법 측면에서는 순수한 것이 없고 통합적이라고 주장한다(Bitter, 1985). 상황에 따라 역할연기와 같은 행동주의 기법들이나 심리극, 혹은 다양한 형태치료 기법 등을 사용한다. 이런 측면에서 Lazarus는 아들러 치료를 '치료적 카멜레온'이라 표현했으며, Watts는 이러한 통합적 융통성이 아들러 치료의 가장 활력 있는 측면이라고 지적하고 있다(Carlson & Carlson, 2017).

2. 비판점 및 한계

아들러 이론이 지니는 장점이나 공헌점에 비해 이에 대한 비판 및 이론적 한계 등을 제시하고 있는 문헌들이 별로 없다. 여기서는 이론의 경험적 검증 미흡, 아들러 이론가들의 연구 및 훈련 부족, 이론에 대한 홍보 부족 등을 중심으로 기술하고자 한다.

1) 이론의 경험적 검증 미흡

상담 및 심리치료의 미래 추세는 증거기반치료(Evidence-Based Practice: EBP)라는 측면에서 아들러 이론에 대해 비교적 많이 지적되고 있는 내용이 이론의 경험적 타당성을 보장하는 검증 활동이 미흡하다는 점이다(Carlson & Carlson, 2017). 아들러 이론을 부모교육에 적용한 STEP이나 AP를 제외하고는 경험적 타당성이 부족하다는 지적이다. 따라서 그동안 아들러 치료를 현장에서 실천하고 있는 임상가들은 확실한 경험적 자료가 불분명할 때 치료적 결정을 위한 지침으로서 이론적 가정들을 주로 활용해 왔다(Maniacci et al., 2017). 이는 앞으로 아들러 연구자들이 크게 주목해야 할 주제이다.

2) 아들러 이론가들의 연구 및 훈련 부족

심리학이나 심리치료 및 상담 영역에서 정당성은 박사학위를 포함한 높은 훈련 수준과 경험적 지식을 갖추고 있는 실천가들에 의해 획득이 가능하다. 이런 측면에서 아들러 이론가들이 많이 공격받고 있다. 박사학위를 소지하고 높은 수준의 심리치료 훈련을 받은 아들러 이론가들은 소수에 불과하다. 현실적으로 타인을 돕는 데 석사학위 수준이면 충분하다고 판단하고 있다. 이는 이론 발전이나 연구 활동에 대한 관심을 떨어뜨리게 된다. 증거기반 실천을 증진시키기 위한 연구 활동에 더 많은 투자를 하고 있는 다른 심리치료 접근들과 대조되는 측면이다. 이러한 한계점은 새롭게 제기된 것도 아니고 극복이 불가능한 것도 아니다. 이에 아들러 접근에 대한 더 많은 연구와 지식이 요구된다(Carlson & Carlson, 2017).

3) 이론에 대한 홍보 부족

아들러 이론가들이 관심을 가지고 노력해야 할 분야의 하나가 홍보문제이다. 대표적 아들러 이론가인 Mosak도 아들러 심리학의 미래와 관련하여 이러한 홍보문제를 지적하고 있다. 이를 위해 아들러 심리학을 주제로 개최되는 연차대회에 더 많은 청중을 초대하고 학회의 존재 및 성과들을 적극 알려야 하며, 개인심리학저널 외 다른 유명 학술지에 더 많은 연구결과들을 게재해야 한다고 주장하고 있다(Bitter, 1985).

3. 과제 및 전망

전술하였듯이 아들러 이론과 관련하여 제기된 한계점이나 비판에도 불구하고 아들러 이론에 대한 전망은 긍정적이다(Carlson & Carlson, 2017).

무엇보다도 소수이긴 하지만 유능한 젊은 학자들이 연구 활동에 종사하고 있다는 점을 들 수 있다. 이들에 의해 유용한 연구결과물이 발표되고 신경증이나 노인에 대한 이해 등을 주제로 한 저서들이 출간될 필요가 있을 것이다.

다음으로 아들러 대학 및 대학원, 북미아들러심리학회(NASAP) 및 국제개인심리학회(IAIP)와 같은 전문 조직체, 100년 이상의 역사를 지닌 개인심리학 저널 등은 아들러 이론의 계속적인 성장과 이론가 훈련, 출판 등을 통하여 건강한 이론적 관점을 유지하는 데 많은 도움이 될 것이다.

전술하였듯이 오늘날 대부분 심리치료는 아들러 이론에 기반하고 있으며, 특히 학교상담 영역에서는 아들러 개념들이 잘 정립되어 실천되고 있다. 내담자의 문화 및 맥락 요인을 충분히 고려하고 내담자의 성장 및 강점에 기반하고 있는 아들러 접근은 현대 심리치료와 관련하여 많은 관심을 받고 있다. 아들러 이론은 많은 측면들에서 오늘날의 긍정심리와 일치하고 있다. 단순치료보다는 성장과 발달, 예방 및 교육, 정신건강, 강점 및 자원, 격려, 공감, 전체성, 주관적 안녕, 다문화주의 등이 공통으로 추구되고 있는 핵심 내용들이다.

이러한 긍정적인 전망과 함께 해결해야 할 과제들로서 전술한 비판점에 제시된 증거기반치료를 위한 검증, 연구 및 홍보 활동의 활성화 노력 외에도 오늘날 주류 심리치료 및 현장에서 요구하는 것에 관심을 가지고 적극 대처할 필요가 있으며, 6~8회 정도의 간편 심리치료 모델을 개발하고 연구하는 데 더 많은 노력이 따라야 할 것이다.

이상의 내용은 새롭게 제기된 것은 아니고 수십 년 동안 촉구되어 온 것으로서 한마디로 요약하면 '아들러를 넘어서'로 표현될 수 있을 것이다. 아들러 이론의 성공적인 미래는 현대사회 및 현대심리학의 발전에 부합되는 방식으로 아들러 비전을 이어 가는 것이라 결론지을 수 있다.

7장
아들러 상담의 평가도구

사회적 관심은 정신건강의 지표이다.

– Alfred Adler

개인심리학의 상담과정에서 상담자는 내담자를 돕기 위해 내담자의 현재 기능을 평가한다. 내담자에 대한 평가는 내담자를 이해하고 상담 및 치료적 계획을 세우는 데 매우 중요하다. 평가는 측정도구, 상담면접, 행동관찰을 통해 이루어지는데, 이 과정에서 상담자는 내담자의 가정, 학교, 직장, 친구, 결혼 생활 등에 대한 정보를 통해 내담자의 현재 신념, 태도, 우월성 등을 파악하게 된다. 이 장에서는 개인심리학의 주요 개념을 중심으로 개발된 측정도구를 소개하고자 한다. 주요하게 소개할 측정도구는 사회적 관심, 격려, 생활양식, 열등감, 초기기억이다.

1. 사회적 관심

사회적 관심은 공동체감으로도 표현되는데, 이는 인간이 사회적 존재로서 자기를 사회로 확장하는 것을 의미한다(노안영, 강만철, 오익수, 김광운, 정민, 2011). 사회적 관심은 치료적 관계에서 핵심적인 요인이며 정신건강을 측정할 수 있는 기준으로 개인심리학에서 중요시되었다. 따라서 개인심리학자들은 사회적 관심을 측정할 수 있는 도구를 지속적으로 개발해 왔다.

국외에서 개발된 사회적 관심을 측정하는 도구로는 Greever, Tseng와 Friedland(1973)가 개발한 사회적 관심 질문지(Social Interest Index: SII), Sulliman(1973)의 사회적 관심 척도(Sulliman's Scale of Social Interest: SSSI), Crandall(1975)의 사회적 관심 척도(Social Interest Scale: SIS) 등이 있다.

Greever, Tseng와 Friedland(1973)의 사회적 관심 실문지는 자신의 인생과제를 수행하면서 타인과 사회에 협동하고 기여하는 마음을 측정하기 위해 일, 사회, 사랑, 자기중요성의 4개 하위요인으로 구성되어 있다. 문항은 32문항이며, 척도는 5점 리커트로 평가하도록 되어 있다.

Sulliman(1973)의 사회적 관심 척도는 공유감, 타인의 복지에 대한 관심, 사회-정서적 성숙, 소속감, 협동, 사회에 대한 책임, 공동체, 세계, 우주를 포함하여 타인을 받아들이는 능력 등을 포함한 포괄적인 개념을 사회적 관심으로 정의하였다. 척도는 타인에 대한 관심과 신뢰, 자신에 대한 확신과 세상에 대한 낙관성의 2개 하위요인으로 구성되어 있다. 문항은 50문항이며, 척도는 '그렇다'와 '아니다' 중 하나를 선택하여 평가하도록 되어 있다.

Crandall(1975)의 사회적 관심 척도는 타인의 복지와 이익에 대한 관심을 측정하기 위해 개발되어 있다. 문항은 24문항으로 짝지어진 2개의 성격 특성 형용사 중 하나를 선택하도록 되어 있다. 사회적 관심을 나타내는 성격 특성 형용사는 모두 15개이다.

국내에서 개발된 측정도구로는 정민(2013)의 사회적 관심 척도(Social Interest Inventory: SII), 김천수(2017)의 사회적 관심 척도(Social Interest Inventory: SII)가 있다.

정민(2013)의 사회적 관심 척도는 사회 공동체에서의 소속감, 타인에 관한 관심과 흥미, 사회적 협력을 표현하는 능력으로 사회적 관심을 정의하였다. 척도는 행동, 태도의 2개 하위요인으로 구성되어 있고, 문항은 15문항이며, 척도는 4점 리커트로 평가하도록 되어 있다.

김천수(2017)의 사회적 관심 척도는 사회적 관심을 협동과 기여로 정의하였다. 척도는 사회적 협동, 사랑관계 협동, 사회적 기여, 사랑관계 기여의 4개 하위요인으로 구성되어 있고, 문항은 18문항이며, 척도는 6점 리커트로 평가하도록 되어 있다.

2. 격려

격려는 타인에게 용기를 북돋아 주어 개인이 긍정적인 기대를 갖고 나아가도록 영향을 미친다(Dinkmeyer & Losoncy, 1996). 이러한 격려는 상담 초기 상담자가 내담자와 치료동맹을 맺는 데 있어서 중요한 조력 방식이다(Carlson et al., 2006). 그리고 용기의 상실을 의미하는 낙담이 있다.

타인을 격려하기 위해 자신과 타인에 대한 믿음이 필요하며 이는 자신에 대한 격려가 바탕이 되어야 한다(Bahlmann & Dinter, 2001). 자기격려란 스스로에게 격려하여 용기를 주는 것이며 자기낙담이란 스스로의 용기를 꺾는 것이다(노안영, 정민, 2007).

국외에서 개발된 척도에는 Lingg와 Wiborn(1992)의 청소년 낙담 척도(The Adolescent Discouragement Indicator: ADI), Pety, Kelly와 Kafafy(1984)의 칭찬-격려 선호 척도(The Praise-Encouragement Scale for Children: PEPS), Dagley와 Dagley(1994)가 개발한 아동용 격려 척도(The Encouragement Scale for Children)가 있다.

Lingg와 Wiborn(1992)의 청소년 낙담 척도는 Adler의 다섯 가지 인생과제에서 낙담된 정도를 측정한다. 문항은 75문항이며, 척도는 5점 리커트로 평가하도록 되어 있다. Pety, Kelly와 Kafafy(1984)의 칭찬-격려 선호 척도는 16개의 부모-자녀 상호작용 반응 쌍(칭찬 또는 격려)으로 구성되어 있다. Dagley, Campbell, Kulic와 Dagley(1999)의 아동용 격려 척도는 자신에 대한 긍정적인 관점, 소속감, 불완전할 용기의 3개 하위요인으로 구성되어 있다. 아동의 격려와 낙담을 측정하기 위해 부모, 교사, 성인이 평가하도록 되어 있다.

국내에서 개발된 척도에는 노안영과 정민의 자기격려-낙담 척도(2007)가 있다. 노안영과 정민은 자기격려와 자기낙담을 서로 다른 두 차원으로 정의하였다. 척도는 인지, 행동, 정서의 3개 하위요인으로 구성되어 있고, 문항은 자기격려 30문항, 자기낙담 30문항이며, 척도는 5점 리커트로 평가하도록 되어 있다.

3. 생활양식

생활양식은 삶에 대한 개인의 지향이나 성격을 의미하며 사람마다 가진 독특한 성격구조로 개인의 신념, 선택, 가치관을 포함하고 있어 개인이 결정하고 행동하는 데 영향을 미친다(Ansbacher & Ansbacher, 1956). 생활양식은 복합적인 요인들을 포함하고 있어 객관검사로 측정하는 데 한계가 있으나 생활양식을 측정도구를 개발하기 위한 많은 연구들이 진행되어 왔다.

국외에서 개발된 생활양식 측정도구로는 Kern(1982)의 생활양식 척도(The Kern Lifestyle Scale: KLS), Wheeler, Kern과 Curlette(1986)의 생활양식 성격 척도(Life Style Personality Inventory: LSPI), Stiles(1991)의 아동용 생활양식 척도(Children Life Style Scale: CLSS), Kern, Wheeler와 Curlette(1993)의 성공적

대인관계를 위한 기본적 아들러식 척도(Basic Adlerian Scales for Interpersonal Success-Adult Form Inventory: BASIS-A) 등이 있다.

Kern(1982)의 생활양식 척도는 통제, 완벽성, 기쁨, 자존감, 기대의 5개 하위요인으로 구성되어 있고, 문항은 35문항이며, 척도는 5점 리커트로 평가하도록 되어 있다. Wheeler, Kern과 Curlette(1986)의 생활양식 성격 척도는 Mosak의 생활양식 유형론과 Adler의 생활양식 개념을 바탕으로 아동기 사건에 대한 지각에 근거해 평가한다. 확신(능동/수동), 통제(능동/수동), 착취(능동/수동), 불충분함의 7개 하위요인으로 구성되어 있다. Stiles(1991)의 아동용 생활양식 척도는 희생형, 획득형, 통제형, 반항형, 무능형, 사회형의 6개 하위요인으로 구성되어 있고, 문항은 90문항이며, 척도는 5점 리커트로 평가하도록 되어 있다. Kern, Wheeler와 Curlette(1993)의 성공적 대인관계를 위한 기본적 아들러식 척도는 초기 어린 시절 경험에 근거해 인생과제인 일과 사회적이고 친밀한 관계에서 어떻게 대처해 나가는지를 통해 생활양식을 측정한다. 척도는 소속-사회적 관심 갖기, 전진하기, 주도권 잡기, 기쁘게 하기, 신중하기의 5개 하위요인과 생활양식과 거침, 권리 갖기, 모든 것에 연결됨, 완벽함에 대한 갈망, 부드러움의 추가된 5개 하위요인으로 모두 10개의 하위요인을 이루고 있다. 척도는 5점 리커트로 평가하도록 되어 있다.

국내에서 개발된 척도에는 박경순(1996)의 생활양식 척도, 정민과 노안영(2002; 2006)의 생활양식 척도, 정경용과 김춘경(2010)의 생활양식 척도, 장현덕(2013)의 간편 아동용 생활양식 척도 등이 있다.

박경순(1996)이 개발한 생활양식 척도는 생활양식을 사회적 유용형, 회피형, 지배형, 획득형의 4개 하위요인으로 구성되어 있고, 문항은 24문항이며, 척도는 4점 리커트로 평가하도록 되어 있다. 정민과 노안영(2002)의 생활양식 척도는 사회적 관심과 활동수준을 중심으로 네 가지 생활양식 유형을 분류할 수 있도록 개발되었다. 생활양식 척도는 사회적 관심 24문항, 활동수준 24문항으로 구성되어 있으며 두 가지의 성격 특성 중 하나를 선택하도록 되어 있다. 그리고 정민과 노안영(2006)의 생활양식 검사가 있다. 정민과 노안영(2006)은 생활양식을 개인이 인생과제에 대처하는 방식으로 정의하고 검사를 개발하였다. 척도는 인생과제인 진로, 대인관계, 이성교제의 3개 하위요인으로 구성되어 있고, 문항은 104문항이며, 척도는 4점 리커트로 평가하도록 되어 있다.

정경용과 김춘경(2010)이 타당화한 생활양식 척도(BASIS-A)는 Kern, Wheeler과 Curlette(1993)이 개발한 BASiS-A를 번역하여 타당화한 것으로 5개 요인 33문항으로 재구성하여 제시하였다. 그리고 장현덕(2013)의 간편 아동용 생활양식 척도(Short Form-Child Life Style Scale: SF-CLSS)는 Stiles(1991)이 개발한 CLSS 척도를 번역하여 타당화한 것이다. 이 척도는 사회형, 지배형, 기생형의 3개 하위요인으로 구성되어 있고, 문항은 33문항이며, 척도는 5점 리커트로 평가하도록 되어 있다.

4. 열등감

Adler(1964)는 인간은 자기의 가능성을 발휘하여 실현하려는 속성을 가지고 있는데 자신의 가능성이 충분히 발휘되지 못하고 있다고 자각하게 되면 열등감을 느낀다고 하였다. 또한 인간은 태어나면서부터 신체적 · 심리적 · 사회적 열등감을 경험하게 되지만 자신에게 주어진 인생에서 이러한 열등감을 극복하면서 삶을 유지해 나간다(노안영 외, 2011). 열등감은 부정적인 개념을 포함하고 있지만 개인이 지각하는 열등감을 어떻게 대처해 나가느냐에 따라 우월성 추구 또는 열등감 콤플렉스로 다른 결과를 나타낸다.

국외에서 개발된 열등감 관련 척도로는 Strano와 Dixon(1990)이 개발한 상대적 열등감 지수(Comparative Feeling of Inferiority Index: CFII)가 있다. 이 척도는 어린 시절에 지각된 가족과 자신에 대한 평가를 통해 열등감을 측정한다.

국내에서 개발된 열등감 관련 척도로는 정민과 노안영(2010)이 개발한 열등감 반응 척도가 있다. 이 척도는 열등감에 대한 반응을 중심으로 문항을 구성하였다. 척도는 타인비교-긍정적 반응, 형제(자매/남매)비교-긍정적 반응, 타인비교-부정적 반응, 형제(자매/남매)비교-부정적 반응의 4개 하위요인으로 구성되어 있다. 문항은 36문항이며, 5점 리커트로 평가하도록 되어 있다.

5. 초기기억

Adler(1939)는 초기기억이란 개인의 현재를 과거에 투사하는 것이라고 보았다. 초기기억은 개인의 생활양식을 명료하게 하고 행동에 대한 무의식적 목표를 살펴볼 수 있도록 돕는 상담기법으로 개인심리학 상담에서 많이 활용되고 있다.

초기기억을 측정하기 위해 개발된 척도는 Altman(1973)의 초기기억 평가 척도(Early Recollections Rating Scale: ERRS)가 있다. 초기기억 평가 척도는 행동과 환경에 대한 자각의 2개 하위요인으로 구성되어 있고, 문항은 9개이며, 척도는 짝지어진 형용사 특성 중 자신의 특성과 좀 더 가까운 쪽에 7점 리커트로 평가하도록 되어 있다.

국내에서 초기기억을 측정하기 위한 객관검사는 아직 개발되지 않았다. 추후 초기기억을 측정할 수 있는 척도가 개발된다면 개인심리학에 근거한 상담과 연구를 발전시키는 데 큰 기여를 할 수 있을 것이다.

참고문헌

국립국어연구원 편(2000). 표준국어대사전. 서울: 동아출판.

권석만(2017). 인간 이해를 위한 성격심리학. 서울: 학지사.

김상일(1997). 러셀 역설과 과학 혁명 구조. 서울: 솔출판사.

김천수(2017). 개인심리학 이론에 근거한 사회적 관심 척도 개발 및 타당화. 전남대학교 대학원 박사학위논문.

김춘경(2005). 아들러 상담 및 심리치료. 서울: 시그마프레스.

김춘경(2006). 아들러 아동상담: 이론과 실제. 서울: 학지사.

김춘경, 이수연, 이윤주, 정종진, 최웅용(2016). 상담학 사전. 서울: 학지사.

김필진(2007). 아들러의 사회적 관심과 상담. 서울: 학지사.

노안영(2016). 불완전할 용기. 서울: 솔과학.

노안영(2018). 상담심리학의 이론과 실제(2판). 서울: 학지사.

노안영(2018). 칭찬하지 마라 격려하라. 서울: 학지사.

노안영, 강만철, 오익수, 김광운, 정민(2011). 개인심리학 상담 원리와 적용. 서울: 학지사.

노안영, 강영신(2018). 성격심리학(2판). 서울: 학지사.

노안영, 정민(2007). 자기격려-낙담 척도 개발 및 타당화. 한국심리학회지: 상담 및 심리치료, 19(3), 675-692.

박경순(1996). 중학생의 생활양식 유형에 따른 자기효능감 및 학교생활적응과의 관계. 한국교원대학교 대학원 석사학위청구논문.

유리향, 선영운, 오익수(2018). 교사를 위한 아들러 심리학. 서울: 학지사.

유성경(2018). 상담 및 심리치료의 핵심원리. 서울: 학지사.

이명우(2017). 효과적인 상담을 위한 사례개념화의 실제: 통합적 사례개념화 모형 (ICCM-X) 모형. 서울: 학지사.

이숙, 우희정(2002). 훈련중심 부모교육. 서울: 동문사.

장현덕(2013). 간편 아동용 생활양식 척도(SD-CLSS)의 타당화. 예술심리치료연구, 9(4), 1-30.

정경용, 김춘경(2010). 생활양식 척도(BASIS-A)의 타당화 연구. 청소년학연구, 17(12), 343-367.

정민(2013). 사회적 관심 척도의 개발 및 타당화. 상담학연구, 14(4), 2571-2583.

정민, 노안영(2002). 생활양식과 대학생활 적응과의 관계. 한국심리학회지: 상담 및 심리치료, 14(2), 375-387.

정민, 노안영(2006). 대학생의 인생과제를 중심으로 한 생활양식 검사의 개발. 한국심리학회지: 상담 및 심리치료, 18(3), 547-567.

정민, 노안영(2010). 열등감 반응 척도의 개발 및 타당화. 한국심리학회지: 상담 및 심리치료, 22(2), 351-367.

Adler, A. (1927). *Understanding human nature*. New York: Greenberg.

Adler, A. (1937). The progress of mankind. In H. H. Ansbacher & R. R. Ansbacher (Eds.), *Superiority and social interest* (pp. 23-40). New York: W. W. Norton & Company.

Adler, A. (1939). *Social interest*. NY: Putnam.

Adler, A. (1958). *What life should mean to you.* (A. Porter, Ed.). New York: G. Putnam. (Original work published in 1931).

Adler, A. (1964). *Problems of neurosis*. NY: Harper Torchbooks.

Adler, A. (1969). *The science of living*. New York: Doubleday & Company.

Altman, K. E. (1973). *The relationship between social interest dimensions of early recollections and selected counselor variables.* Unpublished doctoral dissertation. University of South Carolina.

American Psychiatric Association. (2013). *Diagnostic and statistical manual of mental disorders* (5th ed.). Washington, DC: Author.

Ansbacher, H. L., & Ansbacher, R. R. (Eds.). (1956). *The individual psychology of Alfred Adler: A systematic presentation in selections from his writings*. NY: Harper Torchbooks.

Ansbacher, H. L., & Ansbacher, R. R. (Eds.). (1964). *Superiority and social interest: A collection of later writings*. Evaston, Ill: Northwestern University Press.

Ansbacher, H. L., & Ansbacher, R. R. (Eds.). (1964). *The individual psychology of Alfred Adler*. New York: Harper & Row/Torchbooks. (Original work published in 1956)

APA. (2013). *Diagnostic and statistical manual of mental disorders* (5th ed.). Arlington, Va: Author.

Azoulay, D. (1999). Encouragement and logical consequences verses rewards and punishment: A reexamination. *The Journal of Individual Psychology*, *55*(1), 1-99.

Bahlmann, R., & Dinter, D. L. (2001). Encouraging self-encouragement: An effect study of the encouraging-training schoenaker-concept. *Journal of Individual Psychology, 57*, 273-288.

Bass, M. L., Curlette, W. L., Kern, R. M., & McWillian, A. E. (2002). Social Interest: A meta-analysis of a multidimensional construct.

Journal of Individual Psychology, 58, 4-34.

Berman, P. S. (2014). *Case conceptualization and treatment planning: Integrating theory with clinical practice* (3rd ed.). Sage Pubns.

Binder, J. L. (2004). *Key competencies in brief dynamic psychotherapy: Clinical practice beyond the manual*. New York, NY: Guilford.

Bitter, J. B., & Nicoll, W. G.(2000). Adlerian Brief Therapy with Individuals: Process and Practice. *Journal of Individual Psychology*, *56*(1), 31-45.

Bitter, J. R. (1985). An interview with Harold Mosak. *Individual Psychology, 41*(3), 386-420.

Bitter, J. R., & West, J. (1979). An interview with Heinz Ansbacher. *Journal of Individual Psychology, 35*(1), 95-110.

Brack, G., Hill, M. B., Edwards, D., Grootboom, N. & Lassiter, P. S. (2003). Adler and Ubuntu: Using Adlerian principles in the new South Africa. *The Journal of Individual Psychology, 59*, 316-326.

Carlson, J. & Carlson, M. E. (2017). *Adlerian psychotherapy*. Theories of psychotherapy series. Washington: American Psychological Association.

Carlson, J., & Slavik, S. (1997). *Techniques in Adlerian Psychology*. NY: Routledge.

Carlson, J., Watts, R. E., & Maniacci, M. (2006). *Adlerian therapy: Theory and practice*. American Psychology Association.

Carlson, J. D., Watts, R. E., & Maniacci, M. (2006). *Adlerian psychotherapy.* Washington, DC: American Psychological Association.

Casement, P. (2013). *On Learning form the Patient* (2nd ed.). New York, NY: Routledge.

Cheston, S. E. (2000). Spirituality of encouragement. *The Journal of*

Individual Psychology, *56*(3), 296-304.

Clark, A. J. (2017). 아들러 심리학에 기반을 둔 초기회상: 상담 이론 및 실제 [*Early recollections: Theory and practice in counseling and psychotherapy*]. (박예진, 박상규 공역). 서울: 학지사.

Corey, G. (2005). *Theory and practice of counseling and psychotherapy* (7th ed.). Belmont, CA: Brooks/Cole.

Crandall, J. E. (1975). A scale for social interest. *Journal of Individual Psychology, 31*, 187-195.

Dagley, J. C., Campbell, L. F., Kulic, K. R., & Dagley, P. L. (1999). Identification of subscales and analysis of reliability of an encouragement scale for children. *Journal of Individual Psychology*, *55*(3), 355-364.

Dinkmeyer, D. (1972). Use of the encouragement process in Adlerian counseling. *Personnel and Guidance Journal, 51*(3), 177-181.

Dinkmeyer, D., & Eckstein, D. (2009). 격려 리더십 [*Leadership by encouragement*]. (김광운, 오명자, 김미례 공역). 서울: 학지사. (원전은 1996년에 출판).

Dinkmeyer, D., & Losoncy, L. (1980). *The encouragemnet book: Becoming a positive person*. Englewood Cliffs, NJ: Prentice-Hall.

Dinkmeyer, D., & Losoncy, L. (1996). *The skills of encouragement*. New York: ST. Luice Press.

Dinkmeyer, D., & Losoncy, L. (2012). 격려 기술: 격려 세상 만들기 [*Skills of encouragement*]. (김미례, 오명자, 김광운 공역). 서울: 학지사. (원전은 2012년에 출판).

Dinkmeyer, D., & McKay, G. (1996). *Raising a responsible child: How to prepare your child for today's complex world*. New York: Simon & Schuster.

Dinkmeyer, D., & Sperry, L.(2000). *Counseling and psychotherapy: An integrated individual psychology approach* (3rd ed.). Upper Saddle River, NJ: Merill/ Prentice-hall.

Dreikurs, R. (1971). *Social equality: The challenge of today.* Chicago, IL: Adler chool of Professional Psychology.

Dreikurs, R. (1989). *Fundamental of Adlerian psychology*. Chicago, IL: Adler School of Professional Psychology.

Dreikurs, R., & Grey, L .(1968). *Logical consequences*. New York: Meredith.

Dreikurs, R., Grunwald, B. B., & Pepper, F. C. (2013). 아들러와 함께 하는 행복한 교실 만들기 [*Maintaining Sanity in the Classroom: Classroom Management Techniques* (2nd ed)]. (전종국, 신현숙, 이동훈, 이영순, 이승연, 천성문 공역). 서울: 학지사. (원전은 1998년에 출판).

Ellis, A. (1970). Tribute to Alfred Adler. *The Journal of Individual Psychology, 26*(1), 11-12.

Greever, K. B., Tseng, M. S., & Friedland, B. U. (1973). Development of the social interest index. *Journal of Consulting and Clinical Psychology, 41*(3), 454-458.

Grey, L. (1998). *Alfred Adler, the forgotten prophet: A vision for the 21st century*. Westport, CT: Praeger Publishers.

Hoffman, E. (1994). *The drive for self: Alfred Adler and the founding of ndividual Psychology*. New York: Addison-Wesley.

Hooper, A., & Holford, J. (1998). *Adler for beginners*. New York: Writers and Readers Publishing.

Kern, M. R. (1982). *Life style scale*. FL: CMTI Press.

Kern, M. R., Wheeler, M. S., & Curlette, L. W. (1993). *BASIS-A inventory interpretive manual*. NC: TRT Associates, Inc.

Kohn, A. (1993). *Punished by rewards.* New York: Houghton Mifflin Co.

Lew, A. & Bettmer. B. L. (2018). 아들러 심리학 기반 학급 만들기 [*Responsibility in the classroom: A Teacher's guide to understanding and motivating students*]. (김정희, 강지영, 오익수 공역). 서울: 학지사. (원전은 1995년에 출판).

Lew, A., & Bettner, B. L. (1998). *Responsibility in the classroom: A teacher's guide to understanding and motivating students.* Philadelphia, PA: Connexions Press.

Lingg, M., & Wiborn, B. (1992). Adolescent discouragement: Development of and assessment instrument. *Journal of Individual Psychology, 48*(1), 65-75.

Losoncy, L. (2001). Encouragement therapy. In R. J. Corsini (Ed.). *Handbook of innovative therapy* (2nd ed.). New York: John Wiley & Sons, Inc.

Lundin, R. W. (2001). 아들러 상담이론: 기본 개념 및 시사점 [*Alfred Adler's basic concepts and implications*]. (노안영, 강만철, 오익수, 김광운, 송현종 공역). 서울: 학지사.

Manaster, G. J., & Corsini, R. J. (1982). *Individual psychology: Theory and practice*. Itasca, IL: F. E. Peacock.

Maniacci, G. J., Carlson, J., & Maniacci, L. S. (2017). Neo-Adlerian approaches to psychotherapy. *The Journal of Individual Psychology, 73*(2), 95-109.

Masak, H., & DiPietro, R. (2006). *Early recollections: Interpretative method and application.* New York, NY: Routledge.

May, R. (1975). *The courage to create*. New York: W. W. Norton & Company.

McCullough, J., Schramm, E., & Penberthy, K. (2014). *CBASP as a distinctive treatment for persistent depressive disorder: Distinctive features.* New York, NY: Routledge.

McKay, G. D. (1992). *The basics of encouragement*. Coral Springs, FL: CMTI Press.

Miller, G. (2003). *Incorporating spirituality in counseling and psychotherapy: Theory and practice*. Hoboken, NJ: John Wiley & Sons.

Miller, S. D., & Duncan, B. L. (2000). *The outcome rating scale*. Chicago, IL: Author.

Miller, W., & Rollnick, S. (2002). *Motivational interviewing* (2nd ed.). New York, NY: Guilford.

Mosak, H. H., & Maniacci, M. P. (1995). *A primer of Adlerian psychology: The analytic-behavioral psychology of Alfred Adler*. Ann Arbor, MI: Braun-Brumfield.

Mosak, H. H., & Maniacci, M. P. (1998). *Tactics in counseling and psychotherapy*. Itasca, IL: F. E. Peacock Publishers.

Pety, J., Kelly, F. D., & Kafafy, A. E. A. (1984). The praise-encouragement preference scale for children. *Journal of Individual Psychology, 40*, 92-101.

Richards, P. S., & Bergin, A. E. (1997). *A spiritual strategy for counseling and psychotherapy*. Washington, DC: American Psychological Association.

Ridley, C. & Kelly, S. (2007). Multicultural considerations in case formation. In T. Eells (Ed.), *Handbook of psychotherapy case formulation* (2nd ed., pp. 33-64). New York, NY: Guilford.

Rule, W. R., & Bishop, M. (2006). *Adlerian lifestyle counseling: Practice and research*. New York: Routledge.

Sharf, R. S. (2000). *Theories of psychotherapy and counseling: Concepts and cases*

(2nd ed.). Pacific Grove: Brooks/Cole Publishing Company.

Shulman, B. H. & Dreikurs, S. G. (1974). Rudolf Dreikurs가 개인심리학의 이론과 실제에 기여한 것. 개인심리학 저널, 34(2), 153.

Sperry, J. (2018). *Adlerian Case Conceptualization*. Paper presented at the 2018 ICASSI (International Committee of Adlerian Summer Schools and Institutes), Bonn, Germany.

Sperry, J., & Sperry, L. (2018). *Cognitive behavior therapy in professional counseling practice*. New York, NY: Routledge.

Sperry, L. (2005). Case conceptualization: A strategy for incorporating individual couple, and family dynamics in the treatment process. *American Journal of Family Therapy, 33*, 353-364.

Sperry, L. (2006). *Psychological treatment of chronic illness: The biopsychosocial therapy approach*. New York, NY: Brunner/Mazel.

Sperry, L. (2010). *Core competencies in counseling and psychotherapy: Becoming a highly competent and effective therapist*. New York, NY: Routledge.

Sperry, L. (2015). Adlerian case conceptualization. In L. Sperry, J. Carlson, J. D. Sauerheber, & J. Sperry (Eds.), *Psychopathology and psychotherapy* (3rd ed., pp. 15-26). New York, NY: Routledge.

Sperry, L. (2016a). Educating the next generation of psychotherapists: Considering the future of theory and practice in Adlerian psychotherapy. *Journal of Individual Psychology, 72*(1), 4-11.

Sperry, L. (2016b). Pattern-focused psychology. In L. Sperry (Ed.), *Mental health and mental disorders: An encyclopedia of conditions, treatment and well-being* (Vol. 2, pp. 816-818). Santa Barbara, CA: Greenwood.

Sperry, L., & Binensztok, V. (2018). Adlerian pattern-focused therapy: A treatment manual. *Journal of Individual Psychology*, *51*(3), 309-348.

Sperry, L., & Carlson, J. (2012). The global significance of individual psychology: An introduction and overview. *The Journal of Individual Psychology, 68*, 205–209.

Sperry, L., & Carlson, J. (2014). *How master therapists work: Effecting change from the first through the last session and beyond.* New York, NY: Routledge.

Sperry, L., & Carlson, J., Sauer heber, J. D., & Sperry, J. (2015). *Psychopathology and Psychotherapy; DSM-5 Diagnosis, Case Conceptualization, and Treatment* (3rd ed.). New York, NY: Routledge.

Sperry, L., & Sperry, J. (2012). *Case conceptualization: Mastering this competency with ease and confidence.* New York, NY: Routledge.

Sperry, L., Blackwell, B., Gudeman, J., & Faulkner, L. (1992). *Psychiatric case formulations*. Washington, DC: American Psychiatric Press.

Sperry, L., Brill, P., Howard, K., & Grisson, G. (1996). *Treatment outcomes in psychotherapy and psychiatric interventions.* New York, NY: Brunner/Mazel.

Stiles, K. E. (1991). *Identification of the Adlerian life style: Development of an instrument for children*. Dissertation Abstracts International, 52. (University North Texas).

Strano, A. D., & Dixon, N. P. (1990). The comparative feeling of inferiority index. *Journal of Individual Psychology, 46,* 29–42.

Sulliman, J. R. (1973). *The development of a scale for the measurement of social interest*. Dissertation Abstracts International, 34. (University Microfilms No. 73-31567).

Sun, S., & Bitter, J. R. (2012). From China to South Korea: Two perspectives on individual psychology in Asia. *The Journal of Individual Psychology, 68*,

233-248.

Sweeney, T. J. (1998). *Adlerian counseling: A practitioner's approach* (4th ed.). Castelton, NY: Hamilton Printing Company.

Sweeney, T. J. (1998). *Adlerian counseling and psychotherapy.* New York, NY: Routledge.

Sweeney, T. J. (2005). 아들러 상담이론과 실제 [*Adlerian counseling: A practitioner's approach* (4th ed)]. (노안영, 강만철, 오익수, 김광운, 송현종, 강영신, 오명자 공역). 서울: 학지사.

Taylor, J. F. (1979). "Encouragement vs. Praise." Unpublished manuscript presented at a workshop in Portland, Oreg.

Thoreau, H. D. (1854). *Walden, or Life in the woods.* Danbury, Connecticut: Grolier Enterprises Corp.

Tillich, P. (1952). *The courage to be.* New Haven: Yale University Press.

Vaihinger, H. (1924). *The philosophy of As If: A system of the thoretical, practical and religious fictions of mankind.* London: Routledge & Kegan Paul LTD. (Original work published 1911).

Watts, R. E., & Pietrzak, D. (2000). Adlerian "encouragement" and the therapeutic process of solution-focused brief therapy. *Journal of Counseling and Development, 78*(4), 442-447.

Watts, R. E., & Shulman, B. H. (2003). Integrating Adlerian and constructive therapies: An Adlerian perspective. In R. E. Watts (Ed.), *Adlerian, cognitive, and constructivist therapies: An integrative dialogue* (pp. 9-37). New York: Springer.

Watzlawick, P., Weakland, J., & Fisch, R. (1974). *Change: Principles of problem formation and problem resolution.* New York: W · W · Norton & Company.

Wheeler, M. S. Kern, R. M., & Curlette, W. L. (1986). Factor analytical scales designed to measure Adlerian life style themes. *Journal of Individual Psychology, 42*(1), 1-16

Wolf, C. (1984). *Patterns of childhood* (U. Molinaro & H. Rappolt, Trans). New York, NY: The Noonday Press.

Yang, J., Milliren, A., & Blagen, M. (2010). *The psychology of courage: An Adlerian handbook for healthy social living*. New York, NY: Routledge.

http://www.iaipwebsite.org/authors/obituary/item/harold-mosak.html.

http://www.icassi.net/wp-content/uploads/2013/01/DreikursBiography_Aug2008.pdf.

http://www.startribune.com/obituary-mim-pew-ferguson-social-worker-and-adlerian-advocate/277013151/.

https://en.wikipedia.org/wiki/Heinz_Ansbacher.

https://ko.wikipedia.org/wiki.

https://www.adler.edu/blog/adler-university-founder-dr-harold-mosak-turns-96.

https://www.ncbi.nlm.nih.gov/pubmed/17874904.

찾아보기

[인명]

ㅊ

A

B

C

D

E

[내용]

저자 소개

노안영(No, Ann Young)

미국 University of Kentucky 철학 박사(상담심리학 전공)

전 전남대학교 심리학과 교수

현 전남대학교 명예교수

(사)한국아들러상담학회 이사장

아들러상담전문가 1급

저서 칭찬하지 마라 격려하라(학지사, 2018)

오익수(Oh, Iksoo)

전남대학교 교육학 박사(교육상담 전공)

현 광주교육대학교 교육학과 교수

(사)한국아들러상담학회 이사

아들러상담전문가 1급

저서 교사를 위한 아들러 심리학(공저, 학지사, 2018)

강만철(Kang, Manchull)

고려대학교 교육학 박사(교육심리 전공)

현 목포대학교 교육학과 교수

(사)한국아들러상담학회 감사

아들러상담전문가 1급

저서 개인심리학 상담 원리와 적용(공저, 학지사, 2011)

김광운(Kim, Kwangwoon)

전남대학교 교육학 박사(상담심리 전공)

전 광주보건대학교 교수

현 (사)한국아들러상담학회 이사장

아들러상담전문가 1급

저서 개인심리학 상담 원리와 적용(공저, 학지사, 2011)

강영신(Kang, Young-Shin)

미국 Northeastern University 철학 박사(상담심리학 전공)

현 전남대학교 심리학과 교수

(사)한국아들러상담학회 회장

아들러상담전문가 1급

역서 아들러 상담이론과 실제(공역, 학지사, 2005)

정민(Jeong, Min)

전남대학교 심리학 박사(상담심리 전공)

현 광주대학교 청소년상담평생교육학과 교수

(사)한국아들러상담학회 부회장

아들러상담전문가 1급

저서 개인심리학 상담 원리와 적용(공저, 학지사, 2011)

임수진(Lim, Su-Jin)

전남대학교 심리학 박사(상담심리 전공)

현 호남대학교 상담심리학과 교수

(사)한국아들러상담학회 학술위원장

아들러상담전문가 1급

저서 치과심리학(공저, 전남대학교출판부, 2011)

유리향(Yu, Lihyang)

전남대학교 교육학 박사(상담심리 전공)

전 광주교육대학교 강사

현 서울 신남초등학교 교사

아들러상담전문가 1급

저서 교사를 위한 아들러 심리학(공저, 학지사, 2018)

상담 및 심리치료 이론 시리즈 2

개인심리학적 상담

-아들러 상담-

The Counseling based on Individual Psychology

-Adlerian Counseling-

2021년 1월 30일 1판 1쇄 발행
2024년 11월 20일 1판 2쇄 발행

지은이 • 노안영 · 오익수 · 강만철 · 김광운
강영신 · 정 민 · 임수진 · 유리향
펴낸이 • 김진환
펴낸곳 • (주) 학지사
04031 서울특별시 마포구 양화로 15길 20 마인드월드빌딩
대표전화 • 02)330-5114 팩스 02)324-2345
등록번호 • 제313-2006-000265호

홈페이지 • http://www.hakjisa.co.kr
페이스북 • https://www.facebook.com/hakjisa

ISBN 978-89-997-2274-5 93180

정가 14,000원